宋洪远 高鸣 等○著

挑战与选择

中国稻谷收储政策改革

经济管理出版社

图书在版编目（CIP）数据

挑战与选择：中国稻谷收储政策改革/宋洪远，高鸣等著.—北京：经济管理出版社，2018.12

ISBN 978-7-5096-6107-9

Ⅰ.①挑… Ⅱ.①宋… ②高… Ⅲ.①稻谷—粮食储备—粮食政策—研究—中国 Ⅳ.①F326.11

中国版本图书馆 CIP 数据核字（2018）第 241951 号

组稿编辑：曹　靖
责任编辑：张巧梅　王　洋
责任印制：司东翔
责任校对：陈　颖

出版发行：经济管理出版社
　　　　　（北京市海淀区北蜂窝 8 号中雅大厦 A 座 11 层　100038）
网　　址：www.E-mp.com.cn
电　　话：（010）51915602
印　　刷：北京玺诚印务有限公司
经　　销：新华书店
开　　本：720mm×1000mm/16
印　　张：10.75
字　　数：175 千字
版　　次：2018 年 12 月第 1 版　2018 年 12 月第 1 次印刷
书　　号：ISBN 978-7-5096-6107-9
定　　价：68.00 元

·版权所有　翻印必究·

凡购本社图书，如有印装错误，由本社读者服务部负责调换。

联系地址：北京阜外月坛北小街 2 号

电话：（010）68022974　邮编：100836

前　言

（一）

随着我国工业化、城镇化的深入发展和经济市场化、国际化程度的日益加深，影响我国粮食价格的主要因素和形成机理发生了明显的变化。为应对粮食价格波动的影响，我国政府启动了"粮食购销市场化改革"，这标志着我国粮食流通体系全面市场化的开始，粮食价格形成机制也由政府干预型价格变成了市场主导型价格。但是，政府并没有完全放开粮食市场，仍在粮食主产区对稻谷和小麦实施"最低收购价政策"，以期稳定粮食生产、引导市场粮价和增加农民收入。

十多年来，粮食"最低收购价政策"在保护农民利益、提高农民种粮积极性，保障国家粮食安全等方面发挥了重要作用。但是，我国粮食价格持续多年上涨，粮食进口量逐年增加，粮价调控空间逐渐收窄，政策效应也在递减。一些学者将我国粮食价格偏高归因于我国粮食最低收购价的不断提高，也有一些学者认为我国粮食价格仍处于合理水平，政策因素并非是粮食价格高涨的主要影响因素。针对多年来不同的争议和质疑，中央政府对粮食价格调控政策进行了大的调整，明确提出完善粮食等重要农产品价格形成机制，继续坚持市场定价原则，探索推进农产品价格形成机制与政府补贴脱钩的改革，逐步建立价补分离制度，切实保障农民收益。

（二）

本研究在相关经济理论分析的基础上，通过对我国稻谷价格形成机制的分析，进一步探讨稻谷最低收购价制度的形成原理，并对其作用效果进行具体分析研究。该项研究在对我国稻谷主要产区东北、湖南等地进行实地调研的基础上，基于对全产业链的综合分析，详细梳理分析业已实施的最低收购价制度对于稻谷生产的作用以及对农户收益的影响；同时，通过对国外农业发达国家稻谷产业目标价格补贴政策的整理与对比分析，探讨我国稻谷最低收购价政策改革的必要性与改革路径。本研究努力在研究思路和方法上有所突破，提高方法的科学性与实用性，从而为推进稻谷价格市场化相关政策的制定与出台提供可靠的依据。

本研究围绕稻谷最低收购价制度和稻谷补贴政策改革两方面展开深入的研究和分析。在课题组成员的共同努力下，形成了一批有价值的研究成果。

首先，分析了稻谷最低收购价政策改革的背景和意义，整理分析了国内外当前关于稻谷最低收购价政策改革的相关研究，并进一步探讨了稻谷补贴政策的理论基础和影响机理。

其次，整理分析了当前我国稻谷产业现状及稻谷价格的形成机制、稻谷收储制度的运行现状。从宏观政策角度，分析了最低收购价制度的现状、调整完善的空间及其存在的主要问题。基于影响机制和作用机理的视角，分析了稻谷最低收购价对稻谷生产和农户收入的影响，进而提出了稻谷最低收购价改革的必要性和可能性。

再次，分析了稻谷价格补贴政策。具体分析了当前我国稻谷补贴政策的运行现状，深入分析了我国稻谷价格的形成机制，进一步探讨了稻谷"价补分离"政策的必要性和可行性。

最后，在总结借鉴稻谷"价补分离"政策制定和执行的国际经验及其启示、对未来我国稻谷"价补分离"政策变化趋势和调整方向分析的基础上，提出了完善我国稻谷"价补分离"改革政策的对策和建议。本研究还提出了推动我国稻谷价格与补贴和收储制度改革的一揽子方案和思路建议。

课题组经过长达一年的研究，已取得了一定的成果。《稻谷收储制度改革：新挑战与新思路》刊发于《南京农业大学学报（社会科学版）》2018年第5期；《稻谷收储制度改革面临的问题与对策建议》刊发于《农村动态反映》2018年第16期，随后被全文转载于国务院发展研究中心《经济要参》和清华大学中国农村研究院《"三农"决策要参》；《新型农业经营主体种粮的困境与政策建议》刊发于2018年《经济要参》，并获得中央有关部门领导的批示；《庆安县水稻收储和补贴制度改革研究》《黑龙江省稻谷收储制度与补贴制度改革研究》《湖南省稻谷收储制度与补贴制度改革研究》《浙江省稻谷收储制度与补贴制度改革研究》等相关调研报告刊发于《农村动态反映》；《完善常德市稻谷收储制度的几点建议》荣获2018年度农业农村部返乡调研报告优秀奖等。

（三）

针对稻谷收储制度的市场化改革问题，农业农村部农村经济研究中心组建调研组，根据粮食品种和粮食功能区，选择了以黑龙江、湖南和浙江作为调研地。调研主要包括三个方面：第一，与各省粮食局、中储粮分公司、财政厅、农业厅（农委）等进行座谈调研，了解省级层面稻谷收储面临的问题和挑战；第二，在调研省份中，每个省选择1~2个县（市、区）进行深入的实地调研，在县级层面召开由相关农业、粮食、中储粮部门负责人、米业加工企业负责人、农民合作经济组织负责人及种粮大户等主体参加的研究讨论会；第三，前往位于调研省份中（县级层面）的中储粮粮库，分析探讨当前稻谷收储面临的新问题和新挑战。

本课题以农业农村部农村经济研究中心的研究人员为主体，在清华大学中国农村研究院课题的资助下，邀请中国社会科学院、中国农业科学院、中国农业大学、湖南农业大学、内蒙古农业大学等多名专家学者组成课题组。本项课题的顺利完成，得益于全体课题组成员的共同努力。农业农村部农村经济研究中心主任宋洪远研究员作为课题负责人和协调人，协助解决课题组研究中遇到的困难和问题，提出研究框架、研究内容和研究思路，对最终研究成果进行了审阅和修改，为书稿的顺利出版做了重要贡献。参与本课题调研和报告撰写工作的主要有：宋洪远、高鸣、何在中、侯国庆、寇光涛、张瑞娟、蔡保忠、李金凯、王恒等。

值此本书出版之际，本课题组感谢黑龙江省农研中心陈沫研究员对课题调研开展给予的支持和帮助。农业农村部农村经济研究中心农村固定观察点管理处对课题调研的联系协调工作做出了很大的贡献。农业农村部农村经济研究中心高鸣博士除承担课题组的联系工作外，还承担本书的汇总和相关编辑工作。我们还要感谢经济管理出版社的曹靖编辑的细致工作和辛勤劳动！

由于本书成稿时间较为仓促，搜集的文献范围有限，本书的不足之处在所难免。我们真诚地期望学界同仁和读者朋友的批评指正！

宋洪远

目 录

第1章 导论 ... 1
1.1 研究背景与研究意义 ... 1
1.2 研究现状与研究评述 ... 3
1.3 研究目标与研究内容 ... 9
1.4 研究思路与研究方法 ... 11
1.5 研究特色与创新说明 ... 13

第2章 中国稻谷产业发展的现状与问题 ... 15
2.1 中国稻谷产业发展的现状 ... 15
2.2 中国稻谷产业面临的问题与挑战 ... 33
2.3 中国稻谷生产效率研究：稻谷主产区的实证分析 ... 41

第3章 中国粮食储备制度发展及改革分析 ... 55
3.1 中国粮食储备制度发展的状况和特点 ... 56
3.2 国外粮食储备制度发展现状及特点 ... 58
3.3 中国粮食储备制度存在的主要问题 ... 62
3.4 加快粮食储备制度改革的政策建议 ... 66

第4章 中国稻谷最低收购价的现状与问题 ... 69
4.1 中国稻谷价格支持政策和收储制度的变革 ... 69
4.2 中国稻谷最低收购价的现状和取得的成效 ... 72

| 4.3 | 当前稻谷收储制度的不良影响 | 76 |
| 4.4 | 完善稻谷收储制度改革的建议 | 78 |

第5章 中国稻谷补贴政策的演变和现状　81

5.1	中国粮食补贴政策的演变	81
5.2	中国粮食补贴政策存在的问题	83
5.3	关于粮食补贴政策的思考	86

第6章 建立稻谷"价补分离"的域外经验及借鉴　87

6.1	美国的经验及借鉴	87
6.2	日本的经验与借鉴	92
6.3	欧盟及其成员国的经验借鉴	96
6.4	国外经验对我国稻谷补贴制度的启示	106

附录　108

附录1	黑龙江稻谷收储制度与补贴制度改革研究报告	108
附录2	黑龙江庆安县水稻收储和补贴制度改革调研报告	113
附录3	黑龙江柳河农场水稻种植情况访谈报告	117
附录4	黑龙江长丰水稻种植合作社访谈报告	123
附录5	湖南稻谷收储制度与补贴制度改革研究报告	128
附录6	湖南稻谷收储制度与补贴制度改革调研报告：基于经营主体视角	133
附录7	浙江稻谷收储制度与补贴制度改革研究报告	150

参考文献　155

第1章 导论

1.1 研究背景与研究意义

1.1.1 研究背景

自 2004 年起，随着我国工业化、城镇化的深入发展和经济市场化、国际化程度的日益加深，影响我国粮食价格的主要因素和形成机理发生了明显变化（宋洪远，2013）。与此同时，我国政府提出"粮食购销市场化改革"，这标志着我国粮食流通体系全面市场化的开始，粮食价格形成机制也由政府干预型变成了市场主导型。但是，政府并没有完全放开粮食市场，仍在粮食主产区对稻谷和小麦实施"最低收购价政策"，以期稳定粮食生产、引导市场粮价和增加农民收入。玉米、大豆则根据市场价格实行临时收储政策。在立足国内保障粮食供给、对粮食市场进行宏观调控的过程中，国家基本形成了粮食最低收购价、粮食临时收储计划以及政策性粮食竞价交易组成的粮食市场调控政策体系（彭超，2014）。因此，我国的粮食价格形成机制需要考虑政府和市场两个方面的作用机制。

十多年来，粮食"最低收购价政策"和"临时收储政策"在保护农民利益、提高农民种粮积极性，保障国家粮食安全等方面发挥了重要作用。但是，我国粮食价格持续多年上涨，粮食进口量逐年增加，粮价调控空间逐渐收窄，政策效应也在递减。一些学者将我国粮食价格偏高归因于我国粮食最低收购价的不断提高,也有一些学者认为我国粮食价格仍处于合理水平,政策因素并非是粮食价格高涨的主要影响因素。针对多年来不同的争议和质疑,2014年中央一号文件对粮食价格调控政策进行了大的调整,明确提出:完善粮食等重要农产品价格形成机制。继续坚持市场定价原则,探索推进农产品价格形成机制与政府补贴脱钩的改革,逐步建立农产品价补分离制度,切实保证农民收益。2014年,中央启动东北和内蒙古大豆、新疆棉花价补分离补贴试点,探索粮食、生猪等农产品价补分离保险试点,开展粮食生产规模经营主体营销贷款试点,继续执行稻谷、小麦最低收购价政策和玉米、油菜籽、食糖临时收储政策。

1.1.2 研究意义

1.1.2.1 理论意义

本书在相关经济理论的基础上,通过对我国稻谷价格形成机制的分析,进而深入探讨稻谷最低收购价制度的形成原理,并对其作用效果展开具体研究工作。研究将在对我国南北方稻谷主要产区湖南、东北等地进行实地调研的基础上,基于全产业链综合分析,详细梳理分析业已实施的最低收购价制度对于稻谷生产的作用,以及对农户收益的影响;同时通过对国外农业发达国家稻谷产业价补分离补贴政策的整理与对比分析,基于推动与约束两方面视角,探讨我国稻谷最低收购价政策改革的必要性与改革路径。本书拟争取在研究思路和方法上取得突破性进展,提高方法的科学性与实用性,从而为推进稻谷价格市场化相关政策的制定与出台提供可靠的研究依据。

1.1.2.2 现实意义

分析稻谷最低收购价制度和补贴政策对完善稻谷价格形成机制和市场调控机制具有重要的现实意义。稻谷价格形成机制是稻谷生产和交换过程中价格确定的激励,研究我国稻谷价格形成机制就是研究影响我国稻谷价格波动的主要影响因素,分清市场机制和政府调控机制发挥作用的空间和大小,对稳定我国粮食(稻谷)价格、为未来提供更好的粮食价格政策提供现实依据。

分析稻谷最低收购价制度和补贴政策对完善稻谷价格形成机制和市场调控机制具有重要的实践意义。研究稻谷价格波动特征、周期，并将国内外稻谷价格波动特征、周期、影响因素、联动性进行对比和分析，可以发现我国稻谷市场价格形成机制与国际稻谷市场价格形成机制的差异，也可以发现我国稻谷市场与国际市场的联动性，为国家制定适合国际化的稻谷价格政策提供实践依据。

分析稻谷最低收购价制度和补贴政策对完善稻谷价格形成机制和市场调控机制具有重要的政策意义。研究最低收购价、临时收储、政策性粮食竞价交易、价补分离等价格政策在粮食价格形成机制中发挥的作用和效果，并对作用和效果进行评价，对完善我国粮食价格形成机制具有非常重要的政策意义。

1.2 研究现状与研究评述

粮食安全是社会经济发展的重要基础性保障，而粮食安全的实现很大程度上依赖于粮食综合生产能力水平的提升。我国长期以来一直高度重视粮食安全问题，自2004年以来，中国实现了有史以来的粮食"十二连增"，粮食生产能力获得了极大的提升。但需要注意的是，以托市政策为主的价格支持政策长期发挥着巨大的作用。然而，随着国内外粮食市场的不断变化，现行的粮食价格支持政策在一定程度上导致了国内粮食市场的扭曲，粮食产量、粮食库存量与粮食进口量"三量齐增"的现象越发明显；不断加大的财政压力、库存压力与亏损问题，加快了"市场定价、价补分离"粮食补贴政策的推进。我国在2014年和2016年已先后取消了大豆、玉米的临时收储政策，并以价补分离补贴与生产者补贴予以替代。2017年，作为主要口粮品种的稻谷，其最低收购价进行了全面下调，水稻生产的最低收购价制度的改革步伐不断加快。在此背景下，探讨和分析粮食、特别是水稻的最低收购价制度成为了学者们关注的热点问题。现有文献已主要从以下几方面展开了具体研究工作。

1.2.1 稻谷价格调控政策研究

从世界范围来看,粮食价格调控政策是实现粮食生产宏观调控的重要组成。正如部分学者们所描述的:在以对农产品价格歧视政策为主要特征的低收入国家,逐渐向以实施农产品保护价格政策为主要特征的中高收入国家的演进过程,反映了粮食价格波动中政治与经济相互作用与影响的真实写照,而这一演进过程也是社会经济推进过程中的必然结果(Timmer,1988)。基于此,相关粮食调控政策一直是学者们关注的重点问题。从具体的研究范畴来看,学者们重点从粮食价格调控政策的实施目标、实施经验和实施效果方面展开了相关研究工作。

1.2.1.1 稻谷价格调控政策的实施目标

学者们认为,在存在市场失灵的发展中国家,通过市场调控政策予以适当的激励能够有效帮助小农户发展粮食生产(Cummings Jr. et al., 2006)。但是,J. Klazmann(1982)的研究发现,小规模分散经营的稻农并不能依靠单纯的价格支持政策以实现收入的增加。基于这一思路,Paul Streeten(1990)在其研究中提出,单纯的理顺价格类型的稻谷调控政策并不会发挥明显的效果,甚至还会起到相向的影响;因此,粮食价格调控政策作用的发挥,必须依赖于各类相关政策措施的协调配合,但由于各项政策在实施目标上的差异性,还需要对粮食价格政策与相关农业政策在具体实施目标方面进行有效协调,进而才能充分保障粮价调控政策目标的有效落实。后续研究者认为,粮食价格调控政策的实施目标应逐渐从解决粮食问题向脱贫与农业调整方向转变(速水佑次郎,2003);还有学者具体从农业生产者视角分析认为,价格调控政策实现的不仅是粮食价格的稳定,还应确保其价格的合理上涨(Avalos,2006;朱信凯,2012)。

对于我国稻谷价格调控政策的目标,程国强(2012)认为,应着眼于国内生产,确保稻谷的有效供给,通过供需间的紧张平衡,实现稻谷价格的基本稳定。陈锡文(2012)指出,中国在2004年实现了稻谷产业的市场化后,国家出台和实施了稻谷的最低收购价制度,以避免"谷贱伤农"现象的出现。从政策设计初衷来看,我国稻谷最低收购价制度的目标是实现稻谷增产与农民增收;然而,实际情况反映出的却是增产不增收现象的连年出现,最低收购价政策的双重目标并未得以落实。究其原因,学者们发现农业生产技术与农民增收两者间呈弱相关,即生产技术的推进在实现增产的同时并不能促使农民收入的快速提高(胡学君、吴志华,2007;黄祖辉、钱峰燕,2003;陈吉元、韩俊,1995)。因此,在当前市场经济体制下,推动价补分离、建立市场化的稻谷生产流通产业体系,是未来稻谷产业发展的重点方向(聂振邦,2009)。

1.2.1.2 稻谷价格调控政策的经验借鉴

美国作为全球重要的农产品生产大国,在20世纪70年代业已实施了粮食生产价补分离政策,在充分利用价补分离、贷款利率、有效价格等机制的基础上,采取了作物平均收入选择、贷款差额支付、销售援助贷款、反周期支出等手段,发挥了积极的调控作用(徐更生,1991;秦富、王秀清、辛贤等,2003;USDA,2012)。欧盟主要通过门槛价格、价补分离、标牌价格、干预价格、保障价格等一系列价格体系以稳定其稻谷产业市场流通价格,发挥了对于稻谷产量、价格的稳定作用,并实现了对农业生产者的增收效果(廖朝晖,2000;袁辉斌,2012;OECD,2012)。日本通过"稻作安定经营对策"充分利用WTO绿箱政策,并结合农业收入保险有效预防了稻谷价格下跌对农业经营者生产与收入的不利影响,确保了稻谷产业的稳定发展(袁辉斌,2012;钟钰、李先德等,2010)。

1.2.1.3 稻谷价格调控政策的实施效果

稻谷价格调控政策的实施效果一直是学者们关注的重要问题。通常,当市场价格在高位时价格支持政策并不会起到作用,而只有在市场处于低位时价格支持性政策才会发挥其影响(Paul Gallagher,1978)。Rashid等(2007)在对东南亚国家的实证研究过程中发现,价格调控政策在避免粮价大幅波动方面具有积极的效果,从而使当地粮价与以购买力为基准的国际价格基本相当。T. S. Jayne等(2006)进一步以玉米产业为例,指出价格支持政策对市场价格及其价格波动均具有极大的相关性。此外,有效的粮食库存能够起到一个"稳定器"与"蓄水池"的作用,降低粮价的波动频率与波动幅度;如何建立起合理的稻谷储备用以调节稻谷价格波动已成为学者们关注的又一热点问题(Brian Wright,2011)。

我国粮食收储政策经历了由最低收购价制度、临时收储制度向价补分离与生产者补贴等"价补分离、市场定价"的价格支持体系的发展历程，学者们通过对不同价格支持措施实施效果的分析与对比，试图为未来粮食价格支持体系的构建提供相关决策依据。张照新等（2007）、肖国安（2007）、周俊（2008）、丁声俊（2008）、黄季焜等（2009）、梁永强（2010）、贺伟等（2011）、陈晓玲（2011）等大量学者从最低收购价的托市作用、国家粮食储备投放市场对于国内粮价的稳定等方面，充分肯定了最低收购价政策在稳定稻谷市场价格、促进稻谷生产者增收、推进稻谷产业发展，从而实现口粮安全方面的有益作用。但是，周俊（2008）、李经谋（2008）、梁永强（2010）、贺伟（2010）、贾怀东（2011）和黄季焜（2014）等一批学者提出，最低收购价制度扭曲了稻谷的市场价格、限制了市场作用的发挥；此外，稻谷市场价格的不断提高在导致了国内外稻谷价格倒挂的同时，也使政府的财政负担不断加重，"三量齐增""稻强米弱"等现象不利于水稻产业的健康可持续发展。

1.2.2 关于稻谷价补分离补贴的研究

针对我国稻谷最低收购价政策实施过程中已出现的各类问题，学者们从多方面展开相关研究，试图为稻谷补贴政策向市场化方向推进提供相关思路。鉴于价补分离补贴措施在市场化方面的特点，已有研究重点对稻谷产业开展价补分离补贴的可能性与效果进行了探讨。学者们基于对已试点实施的棉花价补分离补贴措施效果的评价，肯定了价补分离措施在实现价补分离、市场化运行方面的积极作用，认为推动最低收购价与临时收储政策向价补分离补贴方向转变，能够有效调动市场机制效果的发挥，使农业经营主体在获得价差补贴稳定农业经营收入的同时，也有利于库存积压等问题的改善（杜鹰，2014）。冯海发（2014）在对比分析最低收购价与价补分离两类农业补贴措施的基础上，探讨了稻谷价补分离政策实施的可能性，提出在稻谷种植业中的开展价补分离补贴是实现农业价格支持政策优化的有效途径。学者们还进一步讨论了实施价补分离补贴政策需要注意的问题，如市场价格的确认问题、补贴量的确定问题和补贴发放问题等（尚强民，2014）。总体来看，研究者们从生产和消费两方面综合考虑后认为，价补分离政策能够在一定程度上对最低收购价制度进行替代；但从降低农产业市场价格波动方面来看，价补分离补贴的效果相对弱于现行的稻谷价格调控政策；有效协调好调控与补贴两方面政策，应是未来稻谷价格支持政策改革的重点方向（李光泗等，2014）。

1.2.3 稻谷价格波动与政策补贴的相关研究方法

为进一步探讨稻谷价格波动与补贴政策间的关系，学者们尝试和采用了大量的相关研究方法。例如，通过 Granger 因果分析法、市场联系指数法与共聚合法等探讨了稻谷国际市场与国内批发市场间的关系，发现了两者间存在内在联系机制（武拉平，2000）；利用 GTAP-E 模型设计相关方案，模拟了国内外主要农产品价格变化，及其和石油价格、生物质液体燃料等之间的关系（黄季焜等，2009）；运用 CGE 一般均衡模型，探讨最低收购价制度与稻谷市场价格间的关系，并确认了最低收购价对稻谷市场价格的推动作用（穆月英等，2009）；采取非线性关联积分因果检验，分析我国稻谷价格与 CPI 消费价格指数间的联系，发现了两者间的双向因果关系，以及不同的作用效果与强度影响（朱信凯等，2011）；利用统计与曲线变动趋势分析方法，讨论国内外农产品价格变动特征，提出国内农产品价格上升的原因重点在于生产与零售价格间的较大差距（张冬平等，2012）；通过 VAR 向量自回归模型，在考虑外生变量的基础上分析了稻谷价格波动问题，肯定了最低收购价与临时收储政策在稻谷市场价格推进方面的作用（彭超，2014）；采取结构突变时态转换与经典时态转换模型，研究了国内外稻谷价格波动的关联性，提出国际价格对于国内稻谷价格的影响机制（吕捷，2014）；利用 VAR 模型，并在此基础上通过格兰杰因果检验、脉冲响应函数等方法，探讨了农产品期货价格与现货价格间的关系（朱海燕等，2013）；采取信息分离、时间序列分析等方法，分析了稻谷价格波动规律（徐海亮等，2014）；通过二阶自相关对数模型，对稻谷价格波动的相关制约因素进行分析（高帆等，2011）；采取分段研究方式，在考虑社会福利变化与稻谷均衡变动曲线的基础上，从稻谷价格与库存等角度分成两个阶段探讨了稻谷价格支持政策与社会福利间的变化关系（李光泗等，2014）。

1.2.4 文献述评

综合现有文献来看,学者们长期关注于稻谷价格及相关问题。已有研究对稻谷价格波动周期问题,稻谷价格波动的制约因素,以及基于供需平衡视角下的稻谷价格形成机制等进行了广泛的探讨;此外,学者们还对已实施的稻谷价格支持措施的政策目标与实施效果进行了大量的实证研究,分析了现有政策的积极作用与存在的不足,并对未来稻谷价格支持政策的发展方向进行了探索。整体来看,已有研究已较为丰富,但在具体方面仍存在一定的扩展空间。

首先,已有研究往往针对稻谷价格波动问题、制约因素或调控政策等进行独立的细化分析,缺少对上述问题的系统化、体系化的研究。其次,随着我国市场化水平的不断深化,稻谷国际市场对于我国国内稻谷价格形成机制的影响越发明显,但现有研究往往注重了国内各方面因素在稻谷价格形成过程中作用,而忽视了国际市场的影响,这可能导致相关研究结果的偏误。再次,从稻谷价格波动机制来看,此方面的研究可谓"汗牛充栋",不缺乏定性和定量分析,稻谷价格波动的影响因素和特征,是否会因为新的农业价格政策而改变?2014年中央一号文件第一次提出"价补分离"试点,试点地区的稻谷价格波动是否有新的特征?"价补分离"是否给稻谷价格波动机制带来新的影响?这些都是政策带来的新问题。最后,关于稻谷价格调控政策研究,以往国内学者常以定性分析为主,而近几年出现了部分定量分析的研究成果,为本书提供了一定的分析方法与借鉴;但不同的价格支持政策会在何种程度上影响稻谷价格的形成?如何细化不同稻谷产品间的价格调控政策,并降低政策间的相互影响?本书拟通过对稻谷价格支撑政策的系统化分析,进而对上述问题进行探讨和回答。

1.3 研究目标与研究内容

1.3.1 研究目标

鉴于现行的稻谷最低收购价政策实施过程中日益暴露出的问题，中央对于未来推进稻谷价格完全市场化改革已表现出较大的决心。但是，价补分离补贴政策是否是取代最低收购价与临时收储政策的最好政策措施还值得讨论。目前我国稻谷价格形成机制没有形成统一的认可，因此，市场机制和政府调控机制分别起到了怎样的作用？我国稻谷价格波动的主要影响因素是什么？国内外稻谷价格波动的是否存在异同点也值得进一步讨论。如何理顺并完善我国稻谷价格形成机制？现行的价格调控政策发挥了哪些作用？稻谷价补分离政策试点会起到什么样的效果？显然，上述问题都有待于进行系统化的深入探讨与分析。

本书针对上述问题展开研究，拟从以下几个方面进行分析：

第一，从市场形成价格角度出发，研究我国稻谷的最低收购价制度的改革机制，并考虑政策因素对我国稻谷价格形成带来的影响。

第二，通过分析国内外稻谷价格波动特征、周期、相互作用和主要影响因素，发现我国稻谷价格形成机制的弊端。

第三，深入剖析现行的价格调控政策对我国稻谷价格形成起到的作用和发挥的效果。

第四，基于国外经验提出政府在完善稻谷最低收购价制度改革和补贴政策方面的对策建议。

1.3.2 研究内容

针对前述提到的本书研究目标，本书计划围绕稻谷最低收购价制度改革和稻谷补贴政策两个方面展开深入的研究和分析。具体来说，主要包括以下几个方面的内容：

第一部分：提出问题。此部分包含几个方面的内容：第一，研究背景和研究意义，以及研究的可行性分析。第二，文献综述。这一内容主要整理国内外当前关于稻谷最低收购价政策改革的相关研究，并分析稻谷补贴政策的相关研究。第三，理论分析。主要分析稻谷最低收购价制度改革和补贴政策分析的理论基础和影响机理分析。第四，研究方法和数据来源分析。第五，技术路线和篇章结构。

第二部分：现状分析。此部分的研究主要包括以下两个方面：第一，整理分析当前我国稻谷产业现状及稻谷价格的形成机制。第二，分析稻谷最低收购价政策的运行现状分析。从这两个方面宏观把握最低收购价制度的现状和存在的潜力和不足之处。

第三部分：稻谷最低收购价制度分析。此部分的研究主要包括以下三个方面：第一，分析稻谷最低收购价对稻谷生产的影响，并基于影响机制和作用机理的角度；第二，分析稻谷最后收购价对稻谷生产、农户收入的影响，基于推动与约束的两方面视角；第三，稻谷最低收购价改革的必要性与改革路径。

第四部分：稻谷价格补贴政策分析。此部分的研究主要包括以下四个方面：第一，当前我国价补分离补贴政策的运行现状分析。第二，我国稻谷价格形成机制分析。第三，国外价补分离补贴制度的经验借鉴分析。通过分析国外稻谷产业的价补分离补贴政策，总结其优秀的发展经验，结合我国稻谷产业发展的特色和特点，以及我国稻谷产业存在的不足。因地制宜的提出发展我国稻谷产业的价补分离补贴政策的可行性以及科学性。第四，基于前文的分析和思考来考虑稻谷价补分离补贴实施的可行性分析。

第五部分：结论与对策。此部分主要是基于前文的整体性分析和思考，分析并回答怎么创新和完善我国稻谷价补分离补贴政策，并提出相应的对策意见。此外，对于促进我国稻谷最低收购价制度的改革和逐渐推动我国稻谷的价补分离补贴的实施，也提出整体的设计方案和思路意见。

1.4 研究思路与研究方法

1.4.1 研究思路

为了提高研究的工作效率,本书在设计阶段已确定了具体的研究技术路线。从整体上来看,研究将从四个大的方面进行展开:

第一,基于文献梳理与理论分析的基础上,对相应数据进行收集整理,提出科学的研究问题。

第二,从对稻谷产业与稻谷价格的现状分析视角入手,探讨稻谷最低收购价运行机制,分析现行的稻谷最低收购价制度在推动稻农发展生产过程中的积极作用和存在的不利影响,进而系统化的分析稻谷最低收购价制度改革的必要性与改革路径问题。

第三,在总结国外农业发达国家经验的基础上,通过经验借鉴与对比分析的方法,探讨价补分离补贴政策在我国实施的可行性。

第四,遵循"市场定价、价补分离"的基本原则,提出创新与完善稻谷价补分离补贴政策的对策与建议。

本书具体研究技术路线如图 1-1 所示。

1.4.2 研究方法

1.4.2.1 文献分析法

本书注重多学科理论的应用,查阅了相关研究文献:①相关稻谷价格形成机制的研究文献;②相关稻谷价格波动特征、趋势及周期的文献;③相关稻谷价格影响因素研究的文献;④相关政策性因素如何衡量和定量分析的文献;⑤相关目

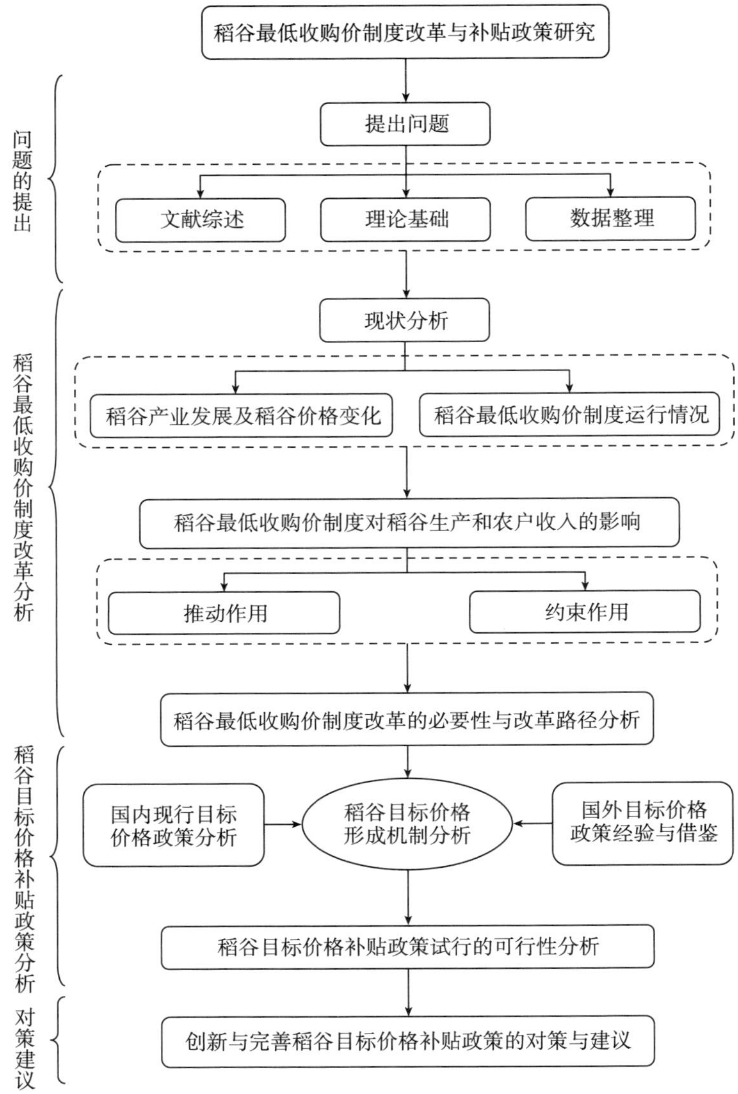

图 1-1 本书研究技术路线

标价格政策实施措施、机制和效果的文献。多方面文献相结合，对本书提供了丰富的研究基础。

1.4.2.2 统计分析法

对国内外稻谷价格变动情况进行统计分析,分析两种价格实际波动大小的差异。描述性统计分析方法是最直观的研究方法,在此基础上,再通过实证分析方法和模型对稻谷价格波动趋势、周期等进行分析。

1.4.2.3 比较分析法

对国内外稻谷价格形成机制、波动特征、国内外价格调控政策进行理论和实证的对比分析,分析异同点,并分析相同或相似政策在其他国家与我国的实施效果不同的原因,探讨哪些政策更适用于在中国实施。在同一个政策下,比较不同农产品的价格差异;在同一个农产品下,比较两个政策的异同点。

1.4.2.4 案例分析法

理论和实证研究只停留于表面,还需要研究人员去实地进行考察,对实际情况有感性和理性的认识,并通过案例访谈、问卷访谈的形式,深入剖析调研结果,将我们理论和实证分析的结论与实地调研结果相结合,更具有研究的说服力。

1.5 研究特色与创新说明

1.5.1 研究特色

第一,将稻谷价格形成机制、波动机制和政府调控政策作为一个系统进行全面的研究。

第二,将稻谷最低收购价、临时收储政策、价补分离政策综合起来,进行定量分析,检验不同政策对国内外稻谷价格形成和价格波动的影响。

1.5.2 创新点

第一,最后本书将对稻谷价格支持和保护政策进行研究和梳理,主要是剖析价补分离政策,通过分析价补分离政策的发展历程、作用路径、实施情况和实施效果,提出我国稻谷价补分离实施过程中应注意的问题和需要改进的地方,并分析未来我国稻谷价格支持政策的改革路径和发展方向。

第二,将政策因素作为外生虚拟变量放入估计方程中,稻谷价格政策实施作用的时间设为虚拟变量,年度最低收购价格公布到执行完毕的时间设为"1",其他时间设为"0";临时收储执行时间内和执行时间外分别设为"1"和"0";价补分离补贴政策执行为"1",不执行为"0"。

第 2 章　中国稻谷产业发展的现状与问题

作为世界上种植最为广泛的农作物，稻谷的生产在世界上具有至关重要的地位。水稻是发展中国家最主要的粮食作物，全世界超过 50% 的人口以大米为主食，90% 的水稻产于亚洲。我国是世界上人口最多的发展中国家，超过 65% 的人口以大米为主食，稻谷也是我国第一大农作物，是投入产出比最高的作物，其播种面积、总产和单产均居粮食作物首位。水稻作为我国的民族产业，在保障国家粮食安全中起着决定性作用。大米消费量极其巨大，一旦出现较大的缺口，难以通过国际贸易达到平衡，粮食安全问题某种意义上就是大米安全问题。

2.1　中国稻谷产业发展的现状

2017 年，我国稻谷产业发展继续向好，产量平稳增长，技术不断革新，市场平稳波动，为国民经济继续保持平稳发展做出了重要贡献。稻谷产业由稻谷生产、稻谷加工、稻谷贸易、稻谷物流、稻谷研发等环节构成，是关系到国计民生的重要产业。国内经济发展进入新常态，从市场竞争特点看，过去主要是数量扩张和价格竞争，现在正逐步转向质量型、差异化为主的竞争。发展深加工是稻谷产业的必由之路，国内大米加工企业普遍存在"小、散、弱"的状况，粮源难以保证，加工产品质量难以稳定。规模化、集团化生产经营不仅是国家政策的调控目标，也是市场运行的要求。

2.1.1 中国稻谷生产现状

从世界范围来看，稻谷种植的集中度非常高，亚洲稻谷播种面积和产量均占全球的九成左右。世界大米的消费也主要集中在亚洲，中国、印度、印度尼西亚三国大米消费量占了全球的六成。我国是世界上最大的水稻生产与稻谷消费国，全国有2/3的居民以大米为主食，水稻种植面积和产量约占我国粮食种植面积和产量的30%和40%，稻谷年产量占世界稻谷总产量的35%左右，居世界首位。

2.1.1.1 稻谷分类

按照宏观类型划分，稻谷可以分为水稻和陆稻。陆稻也就是人们所称的旱稻，适于旱地种植的栽培稻，耐旱性强，成熟早，但是产量低，口感也不好，是水稻的变异型，在我国种植很少，仅占稻谷整体种植面积的水稻就是我们通常意义所说稻谷，稻谷种植于水田中，需水量多，产量高，品质较好。

按照外形划分，稻谷可以分为粳稻、籼稻和糯稻。籼稻籽粒一般为细长形，长度是宽度的三倍以上，腹白较大，早籼稻又可以分为优质籼稻和普通籼稻，优质籼稻多为个人企业加工，普通籼稻多用于储藏，近几年我国花大力气调整农产品种植结构、提高农产品质量，全国优质早籼稻种植面积不断增加，使得早籼稻品种有了很大改善。粳稻籽粒一般呈椭圆形，粒短，长度是宽度的1.4~2.9倍，腹白小或没有。糯稻的颖果平滑，粒饱满，稍圆，脱壳后称糯米，又名"江米"，外观为不透明的白色，与其他稻谷最主要的区别是其具有黏性，糯稻按照粒形和粒质可以分为籼糯稻和粳糯稻。籼稻主要分布在秦岭、淮河以南的平原，粳稻主要分布在秦岭淮河以北及以南的高寒山区。

按照基因型划分，稻谷分为常规稻和杂交稻。两者的主要区别是杂交稻的基因型是杂合的，子代性状与上代分离，制种不孕率高，所以需要每年制种，水稻具有明显的杂种优势现象，但是利用水稻的杂种优势可以大幅度提高水稻产量遗传性而常规稻的基因型是纯合的，其子代性状与上代相同，因此不需要年年制种，只要做好防杂保纯工作，就可以连年种植，利于良种的加速繁殖。另外，常规稻的口感要好于杂交稻。

按照收割季节划分，稻谷可以分为单季稻和双季稻，双季稻又据其栽培方式不同分为双季连作稻、间作稻和混作稻。单季稻是一年只种一季水稻的一种稻作制度，双季稻是在同一块稻田里，一年中种植和收获两季水稻的一种稻作制度，还有东南沿海部分地区种植三季稻，种植品种以籼稻为主，山区种植粳稻。

按照米的质量好坏可以分为优质稻和普通稻，通常优质稻是米质一级以上的水稻，普通稻是米质二级以下的水稻，优质稻谷做出的米饭口感要明显好于普通稻谷，但是优质稻谷对温度较普通稻谷敏感，温度越高其品质劣变越快，度夏后常出现米粒回生现象。

另外，还可以根据储存时间长短分为新稻和陈稻，主要区别在于壳色，米皮和米色，越陈的米壳色越深，越难去皮，而且米色很暗。稻谷种类繁多，不同种类的稻谷相互交错，不同的分类标准会将不同种类的稻谷划到一起，而种类相同的稻谷也会被放到不同的类里面。比如，籼稻可以划分为早、中、晚籼稻，早稻又可以划分为早籼稻和早粳稻。

2.1.1.2 稻谷生产特点

（1）生产分布广，但集中度高。

稻谷生产日益向主产区集中。我国南方稻田种植制度，经历了单季稻改双季稻，间作稻改连作稻，一熟稻改多熟稻的变革，目前已形成了稳粮增效、粮经饲肥结合、多熟多元结合的弹性种植制度。随着稻谷生产日益向主产区集中，稻谷的商品率也不断提高。品种改良的成绩也很突出。从20世纪50年代初的农家品种整理，评选推广优良品种，到60年代实施高秆品种改矮秆品种，70~80年代积极培育与推广杂交水稻，成绩斐然。每次改革，稻谷产量都会上一个新台阶。进入90年代，在保证水稻产量的基础上，大力改善品质，发展优质稻和饲料稻的生产，并逐步形成了各自的产业链。20世纪50年代总结推广过去模范的生产经验，60年代研究应用矮秆品种栽培技术，70年代发展多熟制配套技术，80年代各地推广模式栽培，形成多种多样的各具特色的栽培方法。

我国水稻主产区主要集中在东北、长江流域以及东南沿海地区。东北地区主要是指黑龙江；东南沿海地区主要是指广西和广东；长江流域主要包括：湖南、江西、江苏、安徽、湖北、四川和云南。其中籼稻产量占稻谷产量的2/3左右，粳稻约占稻谷产量的1/3。主要产区分布在东北地区、长江流域、珠江流域，各品种间分布区域差异较大。中晚籼稻产量约占国内稻谷产量的一半，主要分布于南方，即海南、广东、广西、湖南、湖北、云南、贵州、四川、重庆、福建、江西、浙江、江苏、安徽、陕西和河南。粳稻分布地区主要有3个：以黑龙江为核心的北方粳稻区，以江苏为核心的南方粳稻区和以云南为核心的云贵高原粳稻区。早籼稻产量约占稻谷产量的1/6，主要分布在长江以南13个省份。

2010~2015年我国稻谷平均种植面积3015.08万公顷，比2004~2009年我国稻谷平均种植面积增加115万公顷，增幅3.97%。2010~2015年平均播种面积最大10个省份依次是湖南、江西、黑龙江、江苏、安徽、湖北、广西、四川、广东和云南。其中，与2004~2009年相比，排名顺序未发生变化省份有：湖南、江西、江苏、安徽和云南。排名顺序上升省份以及具体顺序变化：黑龙江从2004~2009年的第7名上升至2010~2015年的第3名，稻谷平均种植面积增加49.27%，增幅最大；湖北从2004~2009年的第9名上升至2010~2015年的第6名，稻谷平均种植面积增加2.97%。排名顺序下降省份以及具体顺序变化：广西从2004~2009年的第3名下降至2010~2015年的第7名，稻谷平均种植面积减少8.11%，降幅最大；四川从2004~2009年的第6名下降至2010~2015年的第8名，稻谷平均种植面积减少2.82%；广东从2004~2009年的第8名下降至2010~2015年的第9名，稻谷平均种植面积减少5.73%。具体2004~2009年稻谷总播种面积前10位省份、2010~2015年稻谷总播种面积前10位省份，如表2-1、表2-2所示。

表2-1　2004~2009年稻谷总播种面积前10位省份　　单位：万公顷

年份 地区	2004	2005	2006	2007	2008	2009
全国	2837.88	2884.72	2893.79	2891.88	2924.11	2962.69
湖南	371.68	379.52	377.72	389.72	393.20	404.72
江西	302.97	312.90	322.71	319.43	325.55	328.21
广西	235.60	236.04	228.50	212.67	211.92	212.50
江苏	211.29	220.93	223.44	222.81	223.26	223.32

续表

年份 地区	2004	2005	2006	2007	2008	2009
安徽	212.97	214.92	216.55	220.52	221.83	224.69
四川	206.38	208.75	208.06	203.62	203.59	202.71
黑龙江	158.78	165.03	192.53	225.32	239.07	246.08
广东	213.90	213.76	211.09	193.90	194.69	195.97
湖北	198.96	207.74	209.45	197.88	197.89	204.51
云南	108.62	104.93	104.54	99.02	101.75	103.98

数据来源：2005～2010年《中国统计年鉴》。

表2－2　2010～2015年稻谷总播种面积前10位省份　　单位：万公顷

年份 地区	2010	2011	2012	2013	2014	2015
全国	2987.34	3005.70	3013.71	3031.17	3030.99	3021.57
湖南	403.05	406.63	409.51	408.50	412.07	411.41
江西	331.84	331.77	332.83	333.80	333.95	334.24
黑龙江	276.88	294.55	306.98	317.56	320.55	314.78
江苏	223.42	224.85	225.42	226.57	227.17	229.16
安徽	224.54	223.08	221.51	221.41	221.73	223.49
湖北	203.82	203.62	201.78	210.12	214.40	218.85
广西	209.44	207.35	205.76	204.66	202.62	198.39
四川	200.45	200.79	199.78	199.07	199.18	199.08
广东	195.28	194.19	194.94	190.88	189.33	188.73
云南	102.10	107.35	108.29	115.27	114.47	113.48

数据来源：2011～2016年《中国统计年鉴》。

（2）总产量增长由种植面积增加和单产提高均衡驱动。

2010～2015年我国稻谷平均总产量20322.40万吨，比2004～2009年我国稻谷平均总产量增加1748.62万吨，增幅3.13%。2010～2015年我国稻谷平均总产量最大的11个省份依次是湖南、黑龙江、江西、江苏、湖北、四川、安徽、广西、广东、云南和浙江。其中，与2004～2009年相比，排名顺序未发生变化的省份有：湖南、广西和广东。排名顺序上升的省份以及具体顺序变化：黑龙江从2004~2009年的第7名上升至2010~2015年的第2名，稻谷平均总产量增加60.01%，增幅最大。云南从2004~2009年的第11名上升至2010~2015年的第10名，稻谷平均总产量增加3.69%。排名顺序下降的省份以及具体顺序变化：江西从2004~2009年的第2名下降至2010~2015年的第3名，稻谷平均总产量增加11.83%；江苏从2004~2009年的第3名下降至2010~2015年的第4名，稻谷平均总产量增加8.09%；湖北从2004~2009年的第4名下降至2010~2015年的第5名，稻谷平均总产量增加6.01%；四川从2004~2009年的第5名下降至2010~2015年的第6名，稻谷平均总产量增加4.6%；安徽从2004~2009年的第6名下降至2010~2015年的第7名，稻谷平均总产量增加4.81%；浙江从2004~2009年的第10名下降至2010~2015年的第11名，稻谷平均总产量减少8.71%。具体2004~2009年稻谷平均总产量前10位省份、2010~2015年稻谷平均总产量前10位省份，如表2-3、表2-4所示。

表2-3　2004~2009年稻谷总产量前10位省份　　　　　单位：万吨

年份 地区	2004	2005	2006	2007	2008	2009
全国	17908.76	18058.84	18171.83	18603.40	19189.57	19510.30
湖南	2285.51	2296.20	2319.70	2425.70	2528.00	2578.60
江西	1579.40	1667.20	1766.90	1806.40	1862.13	1905.90
江苏	1673.16	1706.71	1792.72	1761.11	1771.90	1802.89
湖北	1501.68	1535.32	1524.85	1485.86	1533.72	1591.92
四川	1519.70	1505.70	1335.90	1419.73	1497.60	1520.20
安徽	1292.14	1250.80	1307.00	1356.35	1383.49	1405.61
黑龙江	1130.00	1121.50	1205.50	1417.94	1518.00	1574.50
广西	1123.40	1169.10	1162.60	1112.55	1107.60	1145.90
广东	1123.13	1116.99	1104.30	1046.05	1003.30	1058.10
浙江	686.94	644.78	706.62	636.89	660.43	666.67

数据来源：2005~2010年《中国统计年鉴》。

表2-4　2010～2015年稻谷总产量前10位省份　　　　　单位：万吨

地区\年份	2010	2011	2012	2013	2014	2015
全国	19576.10	20100.09	20423.59	20361.22	20650.74	20822.52
湖南	2506.00	2575.40	2631.63	2561.53	2634.00	2644.81
黑龙江	1843.90	2062.08	2171.18	2220.56	2251.05	2199.68
江西	1858.30	1950.10	1976.00	2004.00	2025.15	2027.20
江苏	1807.86	1864.16	1900.07	1922.26	1912.00	1952.49
湖北	1557.81	1616.91	1651.38	1676.63	1729.47	1810.72
四川	1512.10	1527.10	1536.10	1549.50	1526.50	1552.60
安徽	1383.42	1387.03	1393.50	1362.30	1394.55	1459.34
广西	1121.25	1084.10	1142.00	1156.20	1166.12	1137.83
广东	1060.60	1096.90	1126.57	1045.00	1091.64	1088.42
云南	616.57	668.67	644.60	667.90	666.10	659.70

数据来源：2011～2016年《中国统计年鉴》。

（3）单产差距大，主产区单产均不高。

单产稳步提高。2010～2015年，我国谷物平均单产5804.15公斤/公顷，比2004～2009年我国谷物平均单产增加465.15公斤/公顷，增幅8.71%。单产提高的主要原因是政策支持，水利灌溉设施提升，良种良法推广，机械化水平提升等。在长期的水稻栽培过程中，我国劳动人民不断摸索种稻经验，总结出了适合我国不同地区、不同生态和耕作类型的水稻高产栽培技术，经过长期的精耕细作，种稻条件不断改善，使产量不断提高，加之科学技术的进步为水稻栽培技术的发展注入新的"血液"，给我国稻谷事业的发展增添了新的活力。中华人民共和国成立以来，全国水稻生产和科研成就巨大。国内稻谷种植面积和产量持续增长。基本上满足了人民生活和国家经济建设的需求。

2010～2015年平均单产最大的10个地区依次是吉林、上海、浙江、江苏、辽宁、湖北、山东、湖南、新疆和重庆。其中，与2004～2009年相比，排名顺序未发生变化的地区有：浙江和江苏。排名顺序上升地区以及具体顺序变化：吉林从 2004~2009 年的第 2 名上升至 2010~2015 年的第 1 名，谷物平均单产增加 12.17%，增幅最大。辽宁从 2004~2009 年的第 6 名上升至 2010~2015 年的第 5 名，谷物平均单产增加 2.6%。湖北从 2004~2009 年的第 8 名上升至 2010~2015 年的第 6 名，谷物平均单产增加 3.93% 大。山东从 2004~2009 年的第 9 名上升至 2010~2015 年的第 7 名，谷物平均单产增加 4.16%。排名顺序下降的地区以及具体顺序变化：上海从 2004~2009 年的第 1 名下降至 2010~2015 年的第 2 名，谷物平均单产增加 0.86%；新疆从 2004~2009 年的第 5 名下降至 2010~2015 年的第 9 名，谷物平均单产增加 1.1%；湖南从 2004~2009 年的第 7 名下降至 2010~2015 年的第 8 名，谷物平均单产增加 2.58%；福建从 2004~2009 年的第 10 名下降至 2010~2015 年的第 12 名，谷物平均单产增加 6.38%。具体 2004~2009 年稻谷总播种面积前 10 位地区、2010~2015 年稻谷总播种面积前 10 位地区，如表 2-5、表 2-6 所示。

表 2-5 2004~2009 年谷物平均单产前 10 位地区　　单位：公斤/公顷

年份 地区	2004	2005	2006	2007	2008	2009
全国	5186.77	5224.62	5310.00	5319.90	5547.66	5447.48
上海	7089.57	6503.15	6928.65	6717.40	6874.09	6506.04
吉林	6358.68	6618.53	7066.13	6459.40	7351.51	6265.84
浙江	6313.44	5919.82	6427.43	6406.62	6723.55	6741.89
江苏	6184.45	6041.33	6365.74	6233.17	6272.95	6369.15
新疆	5863.46	6126.45	6264.15	6517.45	6183.88	5908.71
辽宁	6653.39	6314.13	5929.01	6070.95	6425.23	5326.13
湖南	5923.17	5869.81	5976.76	6138.54	6328.77	6280.17
湖北	6235.27	6040.12	5893.47	5787.25	6031.36	6090.91
山东	5704.14	5908.21	6010.43	6019.00	6162.82	6174.69
福建	5428.55	5421.06	5481.74	5654.71	5793.59	5847.62

数据来源：2005~2010 年《中国统计年鉴》。

表2-6　2010~2015年谷物平均单产前10位地区　单位：公斤/公顷

年份 地区	2010	2011	2012	2013	2014	2015
全国	5524.40	5706.63	5823.70	5894.21	5892.04	5983.95
吉林	6867.00	7581.82	7741.58	7875.29	7444.65	7494.34
上海	6738.74	6680.07	6646.38	6887.69	6972.55	7042.10
浙江	6641.01	6821.29	6750.37	6453.34	6588.47	6489.19
江苏	6364.61	6467.64	6561.89	6642.28	6752.77	6819.09
辽宁	5688.36	6569.15	6631.84	7044.25	5523.02	6216.64
湖北	6035.90	6199.93	6253.73	6255.61	6313.22	6436.80
山东	6154.30	6224.87	6308.40	6244.33	6217.86	6326.85
湖南	6134.96	6239.06	6327.83	6163.24	6282.27	6311.43
新疆	5969.48	6114.76	6069.50	6288.89	6374.50	6453.97
重庆	6229.41	6070.90	6121.76	6227.59	6240.51	6339.31

数据来源：2011~2016年《中国统计年鉴》。

2.1.2　我国大米加工现状与特点

我国稻谷产量不断增加，且今年来我国农业科技水平也在不断得到提升，因此我国大米加工业也发展得越来越快。2014年，全国统计大米加工企业8500多家，生产大米1.3亿吨，实现销售收入4000多亿元，利润4亿多元。

（1）大米产量持续增长。

大米产量不断增加的原因主要总结为两点：第一，人口的增加，这是大米产量不断增加的外部拉力，因为随着人口的增加，对大米和大米副食品的需求也持续增加；第二，大米加工企业的规模，随着企业规模的不断扩大，大米的产量也随之增加。

（2）加工区域趋于集中。

大米的加工与稻谷的生产有密切关系，我国稻谷种植区域非常的集中，因此我国大米的生产加工布局的分布也趋于集中。由表2-6的数据可知，我国的稻谷生产集中区主要在华中、华东、东北三大地区。因此，也成了我国大米加工企业的主要集聚区。

（3）行业区域趋于集中。

多年以来，我国大米加工企业经过不断的发展和竞争，最终经历了由少到多、又由多到少的过程，其中龙头企业的规模持续提升。最初因为我国粮食刚步入全面市场化，而稻谷市场不断扩大，加工利益走高，使得加工企业数量和产能快速增长。而后稻谷市场牛市结束，市场上供大于求，以及大量进口大米的冲击，企业间的竞争日益加剧，亏损严重，造成了企业数量不断下降。

大中型加工企业在此期间不断扩大市场占有率，有效地提升了行业集中度。从而也加速了大米品牌建设。北大荒、福临门、金健、金龙鱼等大米品牌逐渐家喻户晓。五常等一批优质大米品牌也渐渐被大众所喜爱。特别是品牌大米在小包装领域的市场占有率得到了极大的提升。其中，中粮和益海嘉里合计占据了小包装大米市场约36%的份额，余下则被北大荒、华润五丰以及各地的区域品牌所瓜分。

另外，经过多年的发展，国内稻谷加工技术和装备水平也在迅速提高，产业链逐渐延伸，综合利用水平有所提升。

2.1.3 我国稻谷贸易现状

稻谷贸易分为稻谷和大米的国际贸易以及稻谷和大米的国内贸易两方面，其中国际贸易主要指稻谷和大米的进出口，而国内贸易主要指稻谷价格的形成机制、稻谷最低收购价政策、稻谷收购与销售。我国稻谷和大米的贸易曾经在国际市场上占有非常重要的地位，但是与越南、泰国、印度等国家相比，我国稻谷和大米的国际竞争力还是相对较弱。

2.1.3.1 稻谷和大米的进出口

一直以来，我国都是稻谷和大米的出口国。直到2012年国内外的大米价格出现倒挂，我国也从大米主要出口国转变成为大米主要进口国（见表2-7）。从总体趋势来讲，我国稻谷贸易总体上呈现出口下降、进口增长的态势。表2-7中可明显看出2012年我国稻谷和大米的进口量显著增长，由2010年的59.78万

第 2 章 中国稻谷产业发展的现状与问题

吨,一跃突破到 2012 年的 236.86 万吨,2013 年小幅下降,2014 年稳步增长,2015 年又增长到近 337.69 万吨。我国进口大米的主要来源国是越南、泰国、乌拉圭、巴基斯坦和缅甸。中国大米出口的国家有尼日利亚、日本、俄罗斯、美国、南非等二十多个国家和地区。由于我国大米价格较高,国际竞争力下降,出口更为困难,因此稻谷和大米的出口并没有太大幅度的变动,且维持在较低水平。

表 2-7 2010~2015 年我国稻谷和大米进出口数量和金额统计

年份	稻谷和大米进口数量和金额		稻谷和大米出口数量和金额	
	数量(万吨)	金额(万美元)	数量(万吨)	金额(万美元)
2010	38.82	27135.90	62	41868
2011	59.78	40763.80	51.57	41698.10
2012	236.86	115334.60	27.92	27213.2
2013	227.11	108302.70	47.85	41674.10
2014	257.90	125424.31	41.92	37839.72
2015	337.69	149775.58	28.72	26771.04

数据来源:2011~2016 年《中国统计年鉴》。

我国出口的大米多是粳米,而进口的大米多是低端籼米。国内各地区进出口大米也呈现出较为明显的区别,如下表 2-8、表 2-9 中所显示的,2010~2015 年我国各地区进口大米数量远高于出口,我国稻谷一直处于供应过剩的状态,因此在廉价进口大米的强烈冲击下,国内稻谷市场的压力也随之增大。随着我国大米的大量进口,我国大米的深加工业也受到了较大的冲击,加剧了产能过剩。同时,低端大米的流向与原有大米的流向相反,不再是从产区向销区、从内陆向沿海进行流动,导致我国大米产销区间原本的不平衡现象进一步被加重。

表 2-8 2010~2015 年我国各地区进口大米数量统计   单位:吨

地区\年份	2010	2011	2012	2013	2014	2015
全国	388161	597770	2368558	2271040	2578982	3376877

续表

年份 地区	2010	2011	2012	2013	2014	2015
广东	316056	466776	1158397	1210310	1426056	1973244
北京	10669	41647	574958	336979	127856	243842
福建	24027	45754	211374	167074	133368	134042
浙江	4297	3827	24900	53227	106731	207019
广西	280	213	80124	106783	189688	76361
江苏	7761	6218	99106	133053	74987	92164
湖南	2771	3420	13701	13186	89758	120998
云南	12239	13048	58332	48412	49951	60851
上海	3082	5761	12402	38164	63791	29364
天津	1644	3768	13271	18557	34980	32501

数据来源：2011~2016年《中国农村统计年鉴》。

表2-9 2010~2015年我国各地区出口大米数量统计　　　　单位：吨

年份 地区	2010	2011	2012	2013	2014	2015
全国	622338	515667	279214	478473	419205	287238
黑龙江	350950	301201	131319	307379	245138	196833
吉林	80187	82217	41356	63049	88010	37058
辽宁	57182	22845	52011	34699	28510	13023
江西	39819	41697	642	120	60	60
北京	38719	18649	17404	4913	11098	1295
安徽	7345	8745	6637	17192	16693	10158
新疆	20495	15184	6962	1978	3003	765
四川	8294	10420	8645	8588	7690	5333
江苏	2648	628	638	28189	560	1785
内蒙古	4368	5456	4455	5455	7813	7680

数据来源：2011~2016年《中国农村统计年鉴》。

2.1.3.2 稻谷价格的形成机制

稻谷价格形成机制是指以市场配置资源为基础，以完善有效的政府宏观调控为手段，通过建立有利于稻谷结构优化、可持续发展的价格指数、完整的成本核算框架、完备的市场交易体制，引导生产、流通和消费的价格制定与调整的制度安排。稻谷价格有三种类型，本部分首先对价格类型进行介绍，再围绕市场价格和政策价格两种类型分别对稻谷价格的形成机制进行研究。

（1）稻谷价格类型。

作为是我国最重要的粮食作物之一，稻谷的价格构成与大豆、小麦等粮食作物的价格类型一样，都包含三种价格类型，即议购议销价格、市场价格以及政策价格。稻谷价格有三种类型，这里主要围绕政策价格和市场价格的角度分别来研究稻谷价格的形成机制。

议购议销价格也称为"双轨制"价格。1985年，国家将统购合同修改成定购合同，定购合同后的余粮要以议购价格售卖给国家。也就是国家开始采用市场调节，取消农产品统购统销，实行购销"双轨制"。市场价格指有形的城乡农产品批发或零售市场的价格，通常以一些大中城市粮食市场的价格作为代表。

政策价格是国家依据一定的标准对某种商品或服务制定价格，供求力量对价格不起决定性作用。相对于市场价格而言，政策价格一般比较固定，几乎不受市场波动的影响。统购价格、统销价格、超购价格、国家定购价格比例价格、专储收购价格都是我国曾经施行过的政策价格，是我国在特殊历史条件下，处理国家同农民关系，解决粮食供应问题的一种特殊政策，这在当时为稳定物价、打击投机商贩发挥了重要作用。

（2）稻谷市场价格的形成机制。

改革开放以来，稻谷市场的市场化程度逐步增高，市场化的大趋势没有发生改变，也无法发生改变，其间虽然也出现了反复和倒退的情况，但是稻谷市场价格的形成机制跟随着这些变化逐步完善。影响稻谷市场价格的因素有很多，这里只对稻谷市场价格的主要因素进行归类。以加入世界贸易组织（WTO）前后作为分类标准，可分为封闭经济下的稻谷市场和开放经济下的稻谷市场价格，入世之前稻谷市场是封闭的，入世之后稻谷市场是开放的。

入世之前，我国的粮食市场是封闭的，很少对外出口，这期间对稻谷的价格的主要影响因素有：稻谷政策价格，期货价格，物价水平，工资水平和市场供给量等。

关于稻谷政策价格，稻谷定购价格是在我国推行时间最久的政策，合同定购在数量上是政策性的，政府下达的任务必须完成，任务以外的粮食采用议价收购的方式。另外，国家对稻谷等粮食还实行最低收购价政策，这些都给农民提供很大保障，让农民在丰收年份不受制于市场上稻谷供给量过多而导致的稻谷价格降低，避免"谷贱伤农"。关于期货价格，完整稻谷价格由期货价格和稻谷现货价格两个组成，但两个价格都只能反映稻谷价格的一方面，两者相辅相成，缺一不可。

关于物价水平，物价的变动和稻谷价格变动确实有着密切的关系，物价上涨必然会推动稻谷种植成本的上升，从而稻谷价格也会上涨，稻谷既是粮食作物也是许多工业的原材料，其价格的变动也会继续把物价推高。

关于工资水平，从两个角度来说明工资水平与稻谷价格的直接关系。第一，对稻谷的直接消费，人们会对稻谷有一个基本的需求，需要消费大米，维持基本生活水平。第二，对稻谷的间接消费，稻谷的需求收入弹性是非常低的，当收入增加时，人们会偏重消费肉禽以及酒类等食品，而这一类食品的生产在相当程度上都是以稻谷为基础的，随着这类食品消费的不断增加，稻谷的间接消费也将不断提高。

关于市场供给量，改革开放之后，国内的稻谷市场化程度逐渐提高，稻谷供给量对稻谷价格的影响也逐渐变大。入世之前，稻谷市场总供给量指稻谷种植户所收获稻谷，入世之后，还需要加上进出口净值才是稻谷的总供给。此外，市场化程度、国家稻谷储备计划等都会对稻谷的供求和需求产生影响，从而间接影响到稻谷的价格。

"入世"之后，我国的稻谷市场完全对外开放，每年都有大量的稻谷进出口，对稻谷价格的影响也是多方面的，稻谷价格的影响因素主要包括：国际贸易，汇率变动，稻谷需求量变动和稻谷供给量变动等。

关于国际贸易，国际贸易主要通过稻谷的需求和供给对粮食价格产生影响，与某个国家或地区市场价格的形成一样，国际稻谷价格的形成也是供求关系的产物,只是需求方和供给方是来自世界各国,因此需求量和供给量更大,同时由于还会受到不同国家地区贸易政策的综合影响,情况会更复杂。

关于汇率变动,汇率变动影响最大的出口导向型产品。若进口稻谷的国家汇率出现升值,那以此国家货币计量的进口稻谷的价格就会下降,进而导致国内对进口稻谷需求的增加;反之亦然。

关于稻谷需求量变动,由于我国人口较多,对稻谷的需求量非常大,假如因为某些因素使国内对稻谷的需求量突然增加,肯定会推高国内稻谷价格,同时也必然会导致国际市场上稻谷价格的上涨。关于稻谷供给量变动,开放经济条件下的稻谷供给量包括两个部分,即本国农民生产稻谷和国内净进口的稻谷量,且变动任何一个因素都会导致国内稻谷市场价格的变化。此外,不同国家和地区的贸易政策,关税以及进出口配额等因素也都会影响到稻谷的进出口量,进而对稻谷价格产生非常大的影响。

(3)稻谷政策价格的形成机制。

在不同的时期,不同的阶段,国家对稻谷价格的管理政策都处在不断调整的状态,稻谷价格政策不断变化的原因主要是宏观环境和稻谷供给情况等因素在不断的变化,进而导致稻谷价格政策要不断变化来适应新的经济形势。因此,这里主要从稻谷政策的目标、稻谷政策调整原因、稻谷政策调整过程、稻谷政策调整结果逐步深入的来分析稻谷价格的形成过程。

关于稻谷政策的目标,对任何一个国家来说,其制定价格的目标都是多重的,在发展中国家这个现象更加明显。但总体来看,整个目标体系是稳定的。我国的稻谷政策价格目标是维护市场稳定,保护生产者的生产积极性,保护消费者的利益,减轻财政的负担。关于稻谷政策调整原因,导致稻谷政策发生调整的原因非常多,主要包括国际方面影响因素,财政的收入状况,国家经济环境状况,国内的物价水平以及避免不了的不同程度的自然灾害等,只要这些因素发生变化都会导致政策的不断调整。关于稻谷政策调整过程,中华人民共和国成立初期,我国实行的是计划经济体制,决定权和调整权都是高度集中的,而粮食政策是直接关系国计民生的,因此关于粮食政策重大调整的权力都集中在中央,然后由中央到地方贯彻实施。关于稻谷政策调整结果,由于稻谷政策发生调整的原因非常多,因此导致的结果也是有区别的,稻谷政策调整结果主要依据调整的原因而变化。

不同阶段的稻谷政策目标、稻谷政策调整原因、稻谷政策调整过程、稻谷政策调整结果都不完全一致，通过以上对稻谷价格的形成过程逐步分析，可以总结出稻谷政策价格形成机制有以下特点：政策目标的既有矛盾性，又有多样性；价格的决策权极其集中，但执行力却极其分散；政策价格更加趋向于向城市利益偏重；市场价格在较大程度上也对政策价格造成影响。

2.1.3.3　稻谷最低收购价政策

国家粮食价格直接与人民的最切身的利益相关，因此粮食价格的稳定性也直接关系到社会的安定。每个国家都非常重视粮食价格的稳定性，故都将采取一定相关的政策措施来保障粮食价格的稳定，保障国家粮食的安全。

（1）粮食最低收购价政策的目标。

粮食最低收购价政策，是以切实保护农民利益、保障粮食市场稳定供应为目的而实施的粮食价格调控政策。粮食最低收购价政策是在特定的粮食主产区，特定时间段对稻谷和小麦所实施的政策性收购措施，这个特定时间段通常是限定在粮食收获之后的几个月内，假如此时出现预案所制定的最低价格高于市场价格，就会启动最低收购价预案。国家发改委每年都会将本年度或下年度粮食的最低收购价格发布，旨在保护农民利益，稳定粮食市场。

（2）稻谷最低收购价政策的现状。

对于每个国家或地区，粮食安全都是极为重要的，我国作为人口大国，对粮食有非常大的需求量。稻谷是最主要的粮食品种之一，稻谷市场的稳定对于我国来讲也是至关重要的。我国实施的粮食最低收购价政策也是以此为目的的，粮食最低收购价政策旨在以顺应市场经济发展为基础，切实保护好农民利益，保障国家粮食的安全。2016年中央一号文件，明确提出"继续执行并完善稻谷、小麦最低收购价政策"。

自2001年稻谷的购销全面放开之后，稻谷价格基本是由市场来形成。直到2004年，我国稻谷的收购市场全面放开，随着最低收购价政策的出台，该政策就对市场价格产生了非常重要的影响。稻谷最低收购价政策执行的13年间，最低收购价在经历了从2008年开始的连续7次上调之后，开始有了新的变动。

2015年稻谷最低收购价未做调整，2016年稻谷最低收购价仅是早籼稻下调，中晚籼稻和粳稻保持不变。2017年是2004年实行稻谷最低收购价以来的首次全面下调早籼稻、中晚籼稻和粳稻最低收购价格每50公斤分别为133元、138元和155元。虽然有小幅度下调，但是自2012年以来，随着国内稻谷连续丰收以及最低收购价不断上调，国内稻谷市场价格低于最低收购价同时高于国际市场价格已经成为了常态，最低收购价政策对我国国内稻谷价格的主导作用日渐增强，同时市场波动的范围在不断的收窄，"稻强米弱"也成为常态。

（3）稻谷最低收购价政策面临的问题。

如前所述，从2004年，我国实行稻谷最低收购价政策以来，稻谷最低收购价一直都取得较为良好的效果，不仅稻谷产量在逐年递增，而且稻谷价格、稻谷市场都相对稳定。但在稻谷最低收购价格政策实行过程中，一系列的亟待解决的新问题也逐渐暴露出来。

一是大米的进口量增加。随着人民币的升值和我国稻谷最低收购价格的不断提高，泰国、越南等国的进口价格远低于我国国内的稻谷价格，导致我国大米的进口量增加。这样就可能存在大米走私现象，存在较多的食品安全隐患，同时也会严重影响到我国农民增收以及粮食产量稳定。

二是稻谷收购与销售价格倒挂，严重影响大米加工企业。2012年以来，我国大米价格普遍降低，在最低收购价格政策的保护下，稻谷收购价格一直居高不下，致使大米加工企业的盈利空间缩减，进而导致许多加工企业的停工停产。国家为保障农民利益，要求相关单位在最低收购价政策的实行期间，对农民手中的稻谷无限制的收购，造成部分稻谷的积压，影响稻谷的销售，最终影响我国稻谷的产量。

三是扭曲了稻谷市场。稻谷最低收购价格每年都会提前公布，一定程度上会提高农民心理预期，假如稻谷的最低收购价格高于市场价格，农民就会惜售，我国稻谷的市场价格就在无形中被提高，造成稻谷市场的扭曲。

四是所需的财政补贴较大。与其他的粮食补贴政策不同，稻谷最低收购价格制定之初，无法对其财政支出的数据进行预估，所以对其收储的资金支出进行预期也是较为困难的，且近年来，稻谷的最低收购价格高于市场收购价格，政府就要支出较大额度的财政补贴。

2.1.3.4 稻谷收购与销售

稻谷的收购有三种方式,当市场收购价格与最低收购价格大小不同时,稻谷收购方式的侧重点也不同。第一,以大米加工、经营企业为主的多元化市场收购。第二,以国有粮食收储企业为主的储备稻谷补库收购。第三,以中储粮系统为主的托市收购。当市场收购价高于最低收购价时,稻谷收购以第一种方式为主;当市场稻谷收购价格低于最低收购价格时,稻谷收购以第二种为主。

目前稻谷销售已经基本形成了多元化、多渠道的销售格局和覆盖全国的销售网络。销售主体有加工企业、经销商、米店、超市和便利店等,还有少量的网上销售。另外,由于目前大量稻谷掌握在国有粮食企业,因此,国有粮食企业的稻谷销售是国内稻谷销售的主力军。国企稻谷出售主要分为正常的储备出库和临储稻谷出库,两者出库都需要进行拍卖。储备稻谷出库是一种正常的储备轮换业务,年度内轮入轮出相对平衡。由于库存庞大,临储稻谷的出库更受市场关注。

2.1.4 我国稻谷物流现状

2.1.4.1 稻谷流向

我国稻谷生产销售的整体布局很不平衡,生产的主产区趋于集中,但是稻谷的消费却比较分散。我国稻谷的基本流向是由主产区的位置所决定的,因此,稻谷的生产、稻谷的库存以及稻谷加工都是在不断地向主产区趋近,久而久之也形成了稻谷流通的主要格局和运输走向,并且多年来一直比较稳定。

2.1.4.2 稻谷储存

我国稻谷的储存主要分为两个部分:一是储备库存,包括国家专项储备、地方储备和临时收购储存,这部分的储存主要是用来平衡不同年度稻谷的供给和需求。因为我国稻谷的生产和加工越来越向主产区集中,所以加工企业库存、生产者库存和储备库存都日益向主产地集中。二是社会库存,包括国有粮食企业自营库存、民营企业库存和农户库存,这部分主要用来满足稻谷经营和消费所需。

2.1.4.3 物流设施

我国粮食仓储企业遍布全国,但因为我国稻谷产量的持续增加以及商品率的不断提高,我国稻谷的仓容压力也在不断的增加。近年来,政府继续加大仓库建设力度,持续改善我国国有粮食企业的仓储条件,但稻谷加工企业等的仓容建设投入力度不足,甚至已经对企业收购粮食造成了影响。

近年来,针对散粮的运输设施也逐渐得到较大提升,稻谷的散运比例也在逐年提高,散粮运输对稻谷的运输效率有极大的提升作用,还能降低运输损耗与成本,是我国粮食运输的未来发展方向。除储备补库和短途运输之外,我国国内的跨省贸易和跨省运输以大米为主,原因是稻谷体大并且有芒,且其运输成本较高。所以,与运输方式的变化相似,随着我国大米品质的持续改善,大米包装的日趋小型化,规格也逐渐趋于多样化。

2.1.5 我国稻谷研发现状

稻谷的研发主要包括稻谷种植过程中的稻谷新品种研发,以及稻谷生产过程中的稻谷加工技术和设备的研发等。稻谷新品种研发方面包括常规稻新品种的研发和杂交稻新品种的研发,优良高产的常规稻和杂交稻新品种不断推陈出新,产量越来越高,栽种方式也越来越方便。稻谷加工技术和装备的研发方面,近年来,我国稻谷加工技术和装备的研发方面取得了很大的进步,稻谷加工设备研究与制造基本达到世界先进水平。

2.2 中国稻谷产业面临的问题与挑战

虽然近年来我国稻谷产业的发展不断创新,稻谷产量继续平稳增长,稻谷市场也平稳波动,但是不可否认的是,稻谷产业目前还是存在较多问题与挑战,对稻谷产业的构成环节:如生产、加工、贸易、物流、研发等面临的问题和挑战逐个进行分析，有利于我国稻谷产业更加稳定健康的发展。

2.2.1 我国稻谷生产面临的问题

2.2.1.1 稻谷生产成本不断上升

稻谷产量虽然在逐年递增，但稻谷生产成本也在逐年上升，2015 年我国每亩稻谷生产成本达到 478.69 元，相比 2010 年的 358.62 元，稻谷生产成本增加了 33.48%。其中直接成本增加 32.47%，间接成本增加 60.99%。直接成本中，种子费从 2010 年的 36.17 元，增加到 2015 年的 55.35 元，种子费成本增加了 53.03%；化肥费从 2010 年的 105.98 元，增加到 2015 年的 121.82 元，种子费成本增加了 14.95%；化肥费从 2010 年的 105.98 元，增加到 2015 年的 121.82 元，化肥费成本增加了 14.95%；农药费从 2010 年的 43.17 元，增加到 2015 年的 51.16 元，农药费成本增加了 18.51%。

相比发达国家，我国稻谷生产成本的增长率也较高，2015 年美国每亩稻谷成本达到 994.99 元，比 2010 年的 920.41 元仅增加了 8.1%。其中直接成本仅增加 11.69%，间接成本仅增加 3.88%。2010~2015 年较为详细的中国稻谷成本费用情况和美国稻谷成本费用情况，见表 2-10、表 2-11。

表 2-10 2010~2015 年中国稻谷成本费用情况　　　　单位：元

项目＼年份	2010	2011	2012	2013	2014	2015
每亩总计	358.62	409.34	453.51	468.52	469.80	478.69
直接费用	345.93	395.03	436.81	449.68	450.19	458.26
种子费	36.17	42.51	48.32	51.57	54.24	55.35
化肥费	105.98	124.15	133.57	130.79	120.84	121.82
农家肥费	8.97	7.91	8.45	8.19	7.78	8.54
农药费	43.17	44.51	48.97	49.41	50.19	51.16
农膜费	3.85	4.12	4.41	4.42	4.46	4.49
租赁作业费	139.69	162.34	182.96	194.40	201.30	205.30

续表

项目 \ 年份	2010	2011	2012	2013	2014	2015
燃料动力费	1.48	2.35	2.46	2.93	3.28	3.42
其他直接费用	6.62	7.14	7.67	7.97	8.10	8.18
间接费用	12.69	14.31	16.70	18.84	19.61	20.43

数据来源：2011~2016年全国农产品成本收益资料汇编。

表2-11 2010~2015年美国稻谷成本费用情况　　　　　　　　单位：元

项目 \ 年份	2010	2011	2012	2013	2014	2015
每亩总计	920.41	1006.00	1024.83	1058.99	1030.08	994.99
运营成本	497.56	559.55	557.34	571.01	558.43	555.72
种子费	73.22	72.73	70.98	83.25	92.20	101.51
肥料费	88.33	114.14	117.70	114.07	107.01	128.88
农药费	82.14	79.73	81.67	84.00	81.12	99.01
作业费	79.48	92.39	90.24	95.81	86.67	91.42
燃料动力费	128.73	153.18	149.09	144.82	146.40	72.57
其他直接费用	45.65	43.38	47.66	49.05	45.02	62.33
间接费用	422.85	446.45	467.49	487.98	471.66	439.27

数据来源：美国农业部经济研究中心（ERS），各年美元与人民币汇率按当年全年平均汇率计算。

2.2.1.2　机械化种植水平较低，农业产业化水平不够高

我国已经是农机制造大国，但农机制造一直处于数量足而质量不够的状态，农业机械化水平不高，因此机械化种植水平较低。2015年中国农业年鉴的数据显示，2014年年末农业机械总动力2725.9万千瓦，比上年增长6.7%；大中型农用拖拉机19.25万台，比上年增长8.9%；农用小型及手扶拖拉机32.09万台，比上年减少3.6%；联合收割机5.29万台，比上年增长9.3%。虽然机械化水平在不断增长，但是跟发达国家相比，还是有较大的差距。

当前，在农机制造方面，低端农机过剩，高端农机不足，核心零部件仍然只

是依靠进口。与发达国家相比,我国农业机械化水平还不够高,以美国为例,美国有 7000 多种农机种类,农业生产过程中的所有领域几乎都被覆盖,而我国只有 3500 多种,且这些产品中大部分属于科技水平低、质量不够高的农机设备。

我国农业目前面临产业化水平还不够高,农业科技创新缺乏活力,农业产业化的融资渠道不畅通以及土地产权、经营权不明晰等问题。农业生产经营多以户为单位,仍然停留在小农经济的状态。同时农业产业化发展的水平也比较低,规模不大,缺少核心竞争力。这些都是当前我国农业产业化所面临的难题。另外,由于农业产业化水平较低,优质稻的种植范围也受到限制,土地流转的难度比较大,规模种粮大户不多,所以对优质稻的连片种植、规模化管理等的难度都在增大。

2.2.1.3 农作物受灾面积

近年来,我国农作物受灾面积虽有所减少,2008 年全国农作物受灾面积达到 39990 千公顷,2009 年甚至超过 40000 千公顷,达到 47214 千公顷,从 2010 年就开始减少,直到 2015 年全国农作物受灾面积 21770 千公顷。但是总体受灾面积仍然巨大,2008~2015 年,我国农作物受灾面积平均值达到 32509.25 千公顷,从各地区农作物受灾面积的角度进行研究,受灾频率最多的是东北地区,内蒙古以及西南地区。受灾面积较大的有黑龙江、内蒙古、湖南、湖北、山东、云南、河北、河南、四川、贵州、广西等。其中 2008~2015 年,黑龙江受灾面积平均达到 2484.75 千公顷,内蒙古也达到 2463.75 千公顷。2008~2015 年,全国受灾面积总计以及各地区受灾面积详情如表 2-12 所示。

表 2-12 2008~2015 年我国各地区农作物受灾面积统计　单位:千公顷

年份 地区	2008	2009	2010	2011	2012	2013	2014	2015	平均值
全国	39990	47214	37426	32471	24962	31350	24891	21770	32509.25
黑龙江	2367	7394	1432	1537	2429	2734	810	1175	2484.75
内蒙古	2497	4770	2033	2037	2061	1733	1878	2701	2463.75
湖南	4474	1825	2841	2375	1234	3047	1136	765	2212.13

续表

年份 地区	2008	2009	2010	2011	2012	2013	2014	2015	平均值
湖北	4033	1827	2466	2580	1719	2488	1059	1116	2161.00
山东	672	2342	2582	2117	1823	1462	886	1379	1657.88
云南	1460	1668	3215	1989	1578	1231	882	1028	1631.38
河北	1152	2628	1527	1383	1329	1107	1436	1799	1545.13
河南	967	2987	1568	1478	1389	1180	1905	225	1462.38
山西	2164	1787	1396	1015	931	1592	1174	1143	1400.25
安徽	1277	2101	1752	1317	1153	1770	641	967	1372.25
四川	1412	1599	2324	1528	944	1603	919	563	1361.50
甘肃	1334	1881	1304	1267	1017	1283	1618	1011	1339.38
新疆	2172	1244	1307	678	1126	565	1849	960	1237.63
贵州	1760	780	1681	2570	542	1522	627	224	1213.25
广西	2306	1110	1665	1438	575	694	1213	546	1193.38

数据来源：2009~2016年中国农村统计年鉴。

2.2.1.4 农药、化肥使用过量

我国是世界上在农作物生产过程中，使用化肥和农药用量最多的国家，适量的化肥和农药对稻谷的生长是有利的，但若化肥、农药施用量，不仅会增加水稻生产过程的成本，还会对稻谷质量安全产生影响，对生态环境污染造成。据2016年全国农产品成本收益资料汇编的数据显示，2010~2015年我国稻谷每亩化肥折纯用量至少21.31公斤（2012年），甚至达到22.21公斤（2015年），化肥用量远超出世界平均水平，且化肥用量依然呈现上升趋势，2015年稻谷每亩化肥折纯用量比2014年增加1.28%。

农药使用量总体也呈逐渐上升，据统计，2010~2015年，稻谷年农药费年均投入47.9元，且2010~2015年农药费一直在增加，2015年农药费比2014年增加1.93%，2010~2015年稻谷化肥投入情况以及2010~2015年稻谷农药投入情况详情如表2-13、表2-14所示。

表 2-13　2010~2015 年我国稻谷化肥投入情况　　　单位：公斤

年份 项目	2010	2011	2012	2013	2014	2015
每亩化肥折纯用量	21.52	21.39	21.31	21.58	21.93	22.21

资料来源：2016 年全国农产品成本收益资料汇编。

表 2-14　2010~2015 年我国稻谷农药投入情况　　　单位：元

年份 项目	2010	2011	2012	2013	2014	2015
农药费	43.17	44.51	48.97	49.41	50.19	51.16

资料来源：2016 年全国农产品成本收益资料汇编。

2.2.1.5　优质水稻比例较低

随着我国经济社会的不断发展，稻谷的质量也越来越得到人们的重视。但是相比美国、日本等发达国家，我国在稻谷品质的研究以及优质水稻的品种选育方面都不占优势。发达国家已经开始了针对稻谷产后的精深加工的研究，我国的稻谷加工制品比他们少，并且目前我国以稻谷为原料的产品还受制于发达国家的核心技术，需要引进其技术才能生产。

优质稻的生产已经成为当今社会稻谷生产的主流，但是相对于很多发达国家的优质稻种植、生产水平，我国的优质稻生产还有较长的一段路要走，我国优质水稻的种植比例较低。长期以来，我国都更加看重普通水稻的种植上，这是由我国特殊的国情决定的，因为我国的人口基数较大，而大米又是主要的粮食来源，所以大米的产量的稳定比水稻品种的改良更为迫切。同时，我国优质水稻的连片种植还存在较多的阻力。原因在于普通稻的种植易于管理、产量高，种植效益也要相对好于优质稻，且又有最低收购价托底，因此，我国优质稻种植比例还难以大幅提升。

2.2.2 我国大米加工面临的问题

(1) 大米加工效益偏低，国际市场竞争力小。

目前，大米生产规模较大的国有加工厂、集体加工厂和民营加工厂个数较少，且能适应优质稻加工的企业无论是数量还是规模上都比较少。另外这些稻谷生产的加工厂的开工率也非常的低，因此总稻谷的生产能力也较低，与国际市场竞争的优质米加工相比，竞争力较小。

(2) 品牌效益不突出，过度加工现象突出。

国内优质大米品牌本来就少，加上稻谷商场对优质大米品牌的监管不够严格，而且假冒优质稻谷的品牌标志横行猖獗，假冒伪劣产品本身难杜绝，因此消费者无法通过大米品牌来辨别大米品质优劣，故品牌效益不够突出。另外，在大米加工过程中，过度追求大米的外观，因此在大米加工时，过于精细化，大量使用抛光工艺。而过度加工必然会造成大米的损失，因过度加工每年要损失大米400万~600万吨。同时大米的过度加工，还会损失大米本身的营养物质，煮出来米饭的饭粒不易成型，且口感差。

(3) 深加工比重偏低，基地建设不够重视。

每年我国稻谷深加工的副产品数量较大，但稻壳、米糠、碎米等副产品的综合利用率都很低。以稻米油为例，印度稻米油产量近90万吨，但我国还不足30万吨。这些副产品较低的利用率，必然会影响稻谷加工的资源利用率，也会降低增值效益。另外，除了部分大型稻谷加工企业以外，国内普通的中小型稻谷加工企业都不够重视基地设施的建设以及稻谷产前稻谷品种选育、栽培技术、种植技术、收割技术、储运及综合加工等关键链条的建设，即使部分稻谷加工企业建设有基地，但往往存在规模小、经营不集中、标准低等一系列的问题，故不能保证生产优质大米的稻谷来源。

2.2.3 我国稻谷贸易面临的问题

(1) 国内外稻谷价差明显扩大，国际稻谷市场占劣势。

国内外稻谷的价差较大，主要体现在生产资料和劳动力成本的不断上升导致的国内稻谷的价格稳中有进,以及人民币升值、国内物流成本逐渐增加等因素,故国内稻谷价格与国际稻谷价格产生较大差距,我国的大米也在国际稻谷市场上失去了价格的竞争优势。

(2) 配额内进口关税低,企业受利益驱动进口意愿强。

我国对大米进口实行的是关税配额管理,配额量为532万吨,国有贸易比例为50%,配额内关税仅仅为1%。以越南为例,越南大米价格本身就大幅低于我国国内市场价格,同时由于配额内关税过低,对于来自越南的大米,即使加上运费、保险、关税、增值税以及装卸费运到我国消费区,也比我国国内大米便宜很多。尽管越南大米的口感不如国产的大米,但是越南大米外观亮丽、商品性能好,特别是价格相对便宜一些,在利益的驱动下,很多企业把低价进口的大米用于米粉等产品的加工,或者掺入国产大米中销售。

(3) 政府支持力度不够,资金与技术信息支持不足。

粮食直接补贴政策最主要的目标是两个方面,第一是充分调动农民种粮积极性,第二是推动国有粮食企业改革。但当前这个目标的定位不够明晰。粮食直接补贴政策并没有和农民种粮以及种粮的多少直接相关,因此对第一个目标并没有起到关键作用。

我国对稻谷种植的政策支持不够,对大米生产中所需资金与技术信息支持不足,这大大限制了稻谷商品率的提高。粮食收入支持政策和价格支持政策涉及的利益主体比较多,也比较复杂,所以这些政策在执行过程中所需要的成本高。由于我国对种粮农民的直接补贴大多采用以计税面积进行补贴,使得一部分真正种粮的农民没有得到补贴的实惠。并且,在实施最低收购价政策时,可能影响农民的种粮积极性,粮食生产和粮食供给不能得到有效保障。

2.2.4 我国稻谷物流面临的问题

我国稻谷最低收购价预案启动逐渐成为常态,临储稻谷的库存规模也不断增加,临储稻谷库存远超于常规储备稻谷库存。按照目前销售进度,现有库存需较长时间才能全部消化,临储稻谷库存的消化已迫在眉睫。

另外,仓储建设也存在隐忧,一方面,当前我国稻谷总库存已经达到1亿多吨之多，库存消费非常的高，已远超出合理库存需要；另一方面，临储稻谷库存不断膨胀，且仓容基础设施严重不足，加大仓储设施建设非常迫切，而社会仓容，特别是有一部分加工企业的仓容更加不足，严重影响新稻的收购。

此外，稻谷损耗较大也是稻谷物流所存在的问题，我国稻谷生产机械化程度不高，收获损耗要高于发达国家，由于散装、散卸、散运尚未普及，物流损耗也较高，大米过度加工也造成较大的损耗。

2.3 中国稻谷生产效率研究：稻谷主产区的实证分析

在农业供给侧结构性改革的背景下，我国开始调减非优势区玉米种植，同时取消了玉米的保护性价格，这使得很多粮食主产区开始进行"旱改水"，将种玉米改为种水稻。水稻是我国的四大主粮之一，稻谷总产量也占粮食总产的30%以上（见表2-15）。2017年以来稻谷整体的托市收购量减少，尤其是受政策调整影响最大的早籼稻品种，加上粮食价格形成机制的改革，稻谷价格存在降低的可能性。因此，提高稻谷生产效率对于提高稻农收益，对于保障国计民生具有重要作用。在供给侧结构调整的背景下，如何提高水稻的投入产出效率成为当前的热点问题。

表2-15　2006~2015年中国稻谷产量与粮食总产量　　　单位：万吨

年份项目	2006	2007	2008	2009	2010	2011	2012	2013	2014	2015
稻谷产量	18172	18603	19190	19510	19576	20100	20424	20361	20651	20825
粮食产量	49804	50160	52871	53082	54648	57121	58958	60194	60703	62144
比例	36.5	37.1	36.3	36.8	35.8	35.2	34.6	33.8	34.0	33.5

数据来源：国家统计局。

2.3.1 已有研究现状

目前国内对于水稻生产效率的研究主要集中在水稻生产效率的测算和影响因素方面。关于水稻生产效率的测算，目前常见的方法主要为随即前沿分析法（SFA）和数据包络分析法（DEA），具体来说，王志平（2010）认为全要素生产率（TFP）是指除各要素（如资本和劳动等）投入之外能对经济增长产生贡献的因素，全要素生产率的增长率可以很好地度量要素效率的提高以及技术进步的程度。其建立了随机前沿超越对数生产函数的方法对我国各省的生产效率进行了分解，得出前沿技术进步是全要素生产率提高的主导因素。杨万江等（2016）运用SFA方法构建了个体稻农水稻生产技术效率模型，发现生产面积与技术效率之间呈现"U"形关系。王明利等（2006）运用了Malmquist指数（MI）分析了我国不同种类的水稻生产率增长、技术进步和技术效率及其时序变动趋势，发现1990～2003年早、中、晚籼稻和粳稻的全要素生产率在波动中下降。高鸣等（2015）考虑到了非期望产出，故其运用DEA模型中的Malmquist - luenberger指数对中国各省的粮食经济增长进行要素分析，发现人力资本和技术进步是主要动力，建议推动粮食生产过程中的技术进步，提高人力资本和农业劳动生产率。徐丽君等（2012）通过运用了DEA模型中的DEA - Malmquist指数说明南方双季稻区水稻生产效率低于北方的黑龙江和稻麦轮作区的江苏，认为应该提高技术适应性。薛思蒙等（2017）运用Malmquist指数对比了中日两国水稻产业的生产效率，认为日本水稻产业生产效率高于中国，其主要原因主要在于日本高的技术进步率。

关于影响水稻种植效率的研究方面。姜岩等（2017）建立了随机前沿生产函数模型，发现降水对水稻生产技术效率有提升作用，7月的平均温度和光温对水稻生产技术效率有抑制作用。王琛等（2015）基于空间计量经济模型，运用随机前沿方法（SFA）研究了农业部门资本投入对于水稻、玉米、小麦等粮食生产技术效率的影响，认为粮食生产技术分布存在空间集聚效应，农业部门资本存量的空间分布显著影响了生产技术效率的空间扩散。周炜（2017）通过构造多元线性回归模型，分析多元化经营背景下家庭农场水稻生产效率，发现多元化经营会导致水稻生产效率的损失，农场主受教育程度的提高和家庭劳动力数量增加，可以提高水稻生产效率。综上可知，当前的研究主要集中在某个区域尺度或者是全国整体尺度，研究的大多是水稻整体，很少有将水稻主产区和不同的水稻品种结合在一起进行研究的。基于此，本书主要运用DEA模型中的DEA-Malmquist指数对不同水稻品种在不同的粮食主产区的生产效率进行研究。以期为水稻产业的结构调整、区域布局提供借鉴。

2.3.2 理论方法与数据来源

数据包络分析（DEA）是根据一组关于投入—产出的观察值来估计有效生产前沿面的一种评价综合效率的方法。戴劲等（2017）认为DEA本质上是根据对决策单元（DMU）的观察值来判定相应的DMU是否位于生产前沿面上。高鸣等（2014）提出相对于随机前沿分析法（SFA），SFA在计算效率时，可以解决技术中性、技术非有效等问题。综合效率可以分解为纯技术效率与规模效率的乘积。当数据类型为面板数据时，可以采用Malmquist指数来测算全要素生产效率的变化。王兵等（2008）指出Malmquist指数在假定生产有效率的前提下，将生产率的变化分为技术进步和效率变化两个部分，这种双重分解对于解释不同国家和地区增长模式的差异是非常重要的。而且不需要价格信息，避免了信息不对称所引起的问题，可以利用多投入与产出变量。Fare等构造了从t期到$t+1$期的规模效率不变（CRS）的Malmquist生产率指数式：

$$M_0^{t,t+1}(x^{t+1}, y^{t+1}, x^t, y^t) = \sqrt{\frac{D_0^t(x^{t+1}, y^{t+1})}{D_0^t(x^t, y^t)} \times \frac{D_0^{t+1}(x^{t+1}, y^{t+1})}{D_0^{t+1}(x^t, y^t)}} \quad (2.1)$$

式（2.1）中(x^t, y^t)和(x^{t+1}, y^{t+1})分别表示第t期和$t+1$期的投入产出向量，D_0^t和D_0^{t+1}分别表示以t时期与$t+1$时期的技术为参照的距离函数。赵伟等（2005）指出，在规模报酬不变的假定下，全要素生产率的变动（TFPch）可以分解为效率变化（Ech）和技术进步变化（Tch）：

$$M_0^{t,t+1}(x^{t+1}, y^{t+1}, x^t, y^t) = \frac{D_0^{t+1}(x^{t+1}, y^{t+1})}{D_0^t(x^t, y^t)} \sqrt{\frac{D_0^t(x^{t+1}, y^{t+1})}{D_0^{t+1}(x^{t+1}, y^{t+1})} \times \frac{D_0^t(x^t, y^t)}{D_0^{t+1}(x^t, y^t)}}$$

$$= Ech \times Tch \quad (2.2)$$

根据 Farrell（1957）提出的定义，技术效率指在给定一组投入要素不变的情况下，一个企业的实际产出同一个假设同样投入情况下的最大产出之比，因此技术效率是一个相对的概念。孙林等（2004）将基于 DEA 算法的 Malmquist 生产率指数分解为不变规模报酬假设下的技术变化指数 Tch（Technical change）、技术效率变化指数 Tech（Technical Efficiency change）和规模效率变化指数 SEch（Scale Efficiency change）三个部分。高鸣、杨清可等（2014）在后来的研究中也提出，在规模报酬可变（VRS）的情况下，技术效率变化又可以分解出纯技术效率变化（Pech）和规模效率变化（Sech）。综合已有研究成果，本书将全要素生产率分解为技术进步变化指数（Technical change）、纯技术效率变化（Pech）和规模效率变化（Sech）三个部分：

$$Ech = \frac{D_0^{t+1}(x^{t+1}, y^{t+1} \mid CRS)}{D_0^t(x^t, y^t \mid CRS)}$$

$$= \frac{D_0^{t+1}(x^{t+1}, y^{t+1} \mid CRS)/D_0^{t+1}(x^{t+1}, y^{t+1} \mid VRS)}{D_0^t(x^t, y^t \mid CRS)/D_0^{t+1}(x^{t+1}, y^{t+1} \mid VRS)} \times \frac{D_0^{t+1}(x^{t+1}, y^{t+1} \mid VRS)}{D_0^t(x^t, y^t \mid VRS)}$$

$$= \frac{SE_0^{t+1}(x^{t+1}, y^{t+1})}{SE_0^t(x^t, y^t)} \times \frac{D_0^{t+1}(x^{t+1}, y^{t+1} \mid VRS)}{D_0^t(x^t, y^t \mid VRS)} = SEch \times PEch \quad (2.3)$$

$$M_0^{t,t+1}(x^{t+1}, y^{t+1}, x^t, y^t) = TFPch = Tch \times SEch \times PEch \quad (2.4)$$

当 $TFP > 1$ 时，表示全要素生产率呈增长趋势，反之则是为下降趋势。当 $Tch > 1$ 时，表示技术进步，即生产边界提升，反之则表示生产技术的衰退。当 $Ech > 1$ 时，表示技术效率提升，反之则表示技术效率衰退。

本章数据主要来自历年《全国农产品成本收益资料汇编》，以我国 1998～2015 年水稻主产省的成本和收益得而面板数据为样本，缺失值采用差值法求得，分析稻谷的 Malmquist 指数的时空变化趋势。本书从提高产出的前提下出发，运用产出导向的 VRS（规模报酬可变）模型进行分析。根据数据可得性、科学性等原则，参考高鸣等（2014）已有的研究，本书选择了粮食主产值为产出指标，选择种子秧苗费、农药肥、化肥费、排灌费、机械作业费和单位耕地面积人工成本作为投入指标，种子秧苗费、机械作业费和排灌费等在一定程度上可以反映技术变化对全要素生产率的影响，机械作业费和单位耕地面积人工成本也可以反映技术效率的变化。为了研究稻谷种植业的区域优化布局，本书以水稻主产地区为研究尺度进行分析。

2.3.3 测算结果与分析

本研究运用 arcGIS10.2 将 2015 年各省份早籼稻、中籼稻、晚籼稻和粳稻的主产值做地区标注时，可以清晰地发现，早籼稻主产地区主要分布于福建、广东、湖南等东南部省份，中籼稻主要集中于长江中下游和黄河中下游地区。而粳稻多分布于北方地区，2015 年产方只有云南和浙江有粳稻种植。粳稻生长期长，比较耐寒，是中纬度和较高海拔地区发展形成的亚种，籼稻是适宜于低纬度地区，低海拔湿热地区种植的栽培稻亚种。利用 deap2.1 对稻谷主产地区的生产效率进行分析，计算籼稻和粳稻品种的全要素生产率，即生产活动在一定时间内的效率。全要素生产率是衡量单位总投入的总产量的生产率指标，即衡量总产量与全部要素投入量之比。全要素生产率的增长率常被视为科技进步的指标，来源于技术进步、生产创新等方面，产出增长率超过要素投入增长率的部分被称为全要素增长率。本书在研究全要素增长率的同时，将其分解为技术进步、纯效率变化和规模效率变化等方面，以探究制约效率提高的因素，进一步优化稻谷生产的区域布局。

2.3.3.1 早籼稻全要素生产率及技术效率变化率分析

由图 2-1 可以看出，各稻谷主产省的早籼稻全要素生产率在波动中下降。自从 2008 年开始就有下降的趋势，2002~2008 年，全要素生产率大于 1 的省份比较多，其中在 2005 年，每个省的早籼稻的全要素生产率都特别高，2006 年以后全要素生产率回降到 1 左右。2010 年福建早籼稻全要素生产率最低，2014 年广西全要素生产率特别高，远远高于其他省份，2013 年以来，安徽全要素生产率在不断提高。为了研究，上述省份全要素生产率变化的原因，本书将全要素生产率分解为技术进步率、纯技术效率和规模效率，探究全要素生产率变化的原因。

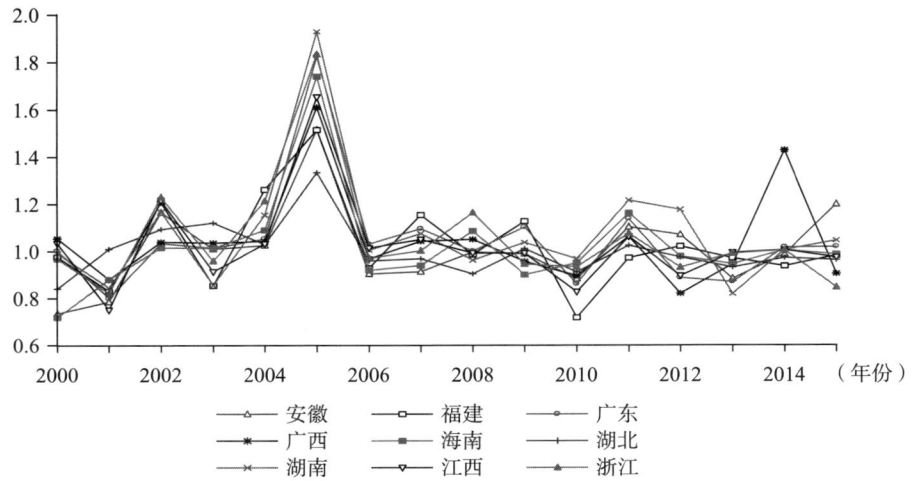

图 2-1 早籼稻主要产区全要素生产率（TFPch）

从表 2-16 的测算结果可以看出，2014~2015 年广西 Malmquist 指数是 1.168，其 Malmquist 指数的提高，主要是由于技术效率的提高。此外，海南、湖南和安徽的 Malmquist 指数则出现了先增加后减少的趋势。

表 2-16 不同时期早籼稻生产地区的 Tech、Pech、Sech 和 MI 变化情况

年份	地区	安徽	福建	广东	广西	海南	湖北	湖南	江西	浙江
1999~2003	Tech	0.997	1.038	0.991	1	1	1.029	1.04	0.982	1.056
	Pech	1	1	1.003	1	1	1	1	1	1
	Sech	1	1	0.99	1	1	1.041	0.968	0.996	1
	MI	0.976	1.035	1.003	0.976	0.919	1.15	1.007	0.991	1.07
2004~2008	Tech	1.045	1.072	1.136	1.157	1.081	0.985	1.078	1.091	1.172
	Pech	1	1	0.996	1.003	1	1	1	1	1
	Sech	1	1	1.007	0.984	1	1	1.021	0.996	1
	MI	1.038	1.076	1.839	1.093	1.098	1.125	1.123	1.088	1.198
2009~2013	Tech	0.986	0.962	0.983	0.929	0.987	0.97	1.032	0.946	0.975
	Pech	1	1	0.989	0.995	1	1	1	1	1

续表

年份	地区	安徽	福建	广东	广西	海南	湖北	湖南	江西	浙江
2009~2013	Sech	1	1	0.997	1.012	1	1	1.01	1.008	1
	MI	1.062	0.961	0.986	1.153	1.017	1.056	1.05	0.989	0.977
2014~2015	Tech	1.093	0.959	0.993	1.154	0.995	0.967	1.025	0.989	0.925
	Pech	1	1	1.041	0.991	1	1	1	1	1
	Sech	1	1	0.984	1.009	1	1	1	1	1
	MI	1.062	0.961	1.006	1.168	1.017	1.056	1.05	0.99	0.98

注：Tech 表示技术进步率，指技术进步、组织创新等对生产效率的影响；Pech 表示纯技术效率，其含义为受企业管理和技术等因素影响的生产效率；Sech 表示规模效率，指产业结构通过优化配置对产出单元所发生作用的大小，由于企业规模因素影响的生产效率；MI 为 Malmquist Index，表示全要素生产率的变化率，其中 Malmquist index 根据 mydea 1.0 计算得出，如果需要原始数据，可以向作者索取。

2004~2008 年，基本上所有省份的技术进步率大于 1，说明在 2005 年这次早籼稻全要素生产率提高的情形中，技术进步起到了重要的作用。福建 1999~2015 年，纯技术效率和规模效率未发生变化，技术进步率自从 2008 年以后呈下降趋势，技术进步率的降低也是福建省 2010 年早籼稻全要素生产率最低的重要原因。2014~2015 年，广西壮族自治区的技术进步率高达 1.154，规模效率达到 1.009，虽然规模效率低于 2009~2013 年，但是技术进步率高于 2009~2013 年的水平，规模效率也存在一定程度的改善，与其他省份相比，广西的技术进步率也处于领先地位，这很好的解释了广西的全要素生产率的领先地位。同样，安徽省的全要素增长率的提高也得益于技术进步。

2.3.3.2 中籼稻全要素生产率及技术效率变化率分析

中籼稻的全要素生产率波动幅度更大些，从图 2-2 可以看出，多数省份全要素生产率都在波动中下降，2004~2007 年这段时间，波动程度较大。2004 年江苏的全要素生产率突破 2，居首位，2006 年贵州的全要素生产率最低，低于其他中籼稻主产省。2008 年以后，整体变动趋势变小。2014 年以来，大部分省份的全要素生产率开始回升。

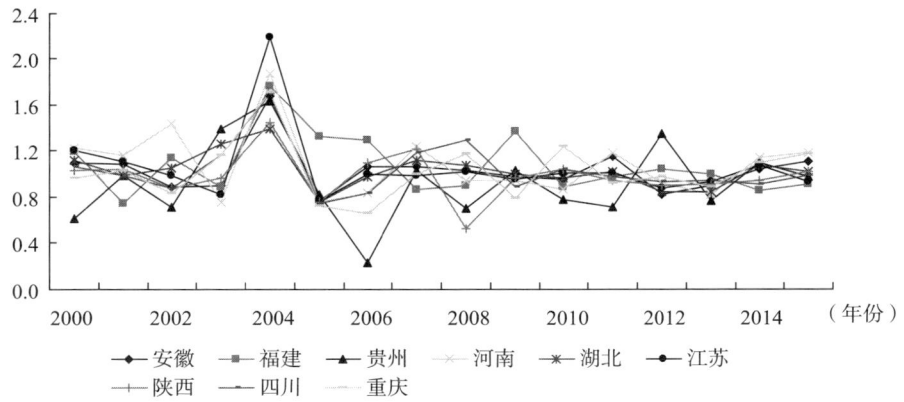

图 2-2 中籼稻主要产区全要素生产率（TFPch）

从中籼稻的投入产出效率来看，多数地区的 Malmquist 指数，即全要素生产率增长率都有增长，其中重庆和河南的涨幅最大，并且河南、湖北和重庆都是一直在增长，四川和贵州则是在波动中增长，在 2004～2008 年和 2009～2013 年经历了回落（见表 2-17）。

表 2-17 不同时期中籼稻生产地区的 Tech、Pech、Sech 和 MI 变化情况

年份	地区	安徽	福建	贵州	河南	湖北	江苏	陕西	四川	重庆
1999～2003	Tech	0.988	0.943	0.927	1.121	1.041	1.06	0.977	0.998	0.981
	Pech	1.031	1.049	1	1	1.055	0.986	1	1.023	1
	Sech	0.975	1.001	1	1.024	1.007	0.981	1	1.001	1.019
	MI	0.918	0.913	0.958	0.946	0.965	0.971	0.947	0.939	0.939
2004～2008	Tech	1.089	1.231	0.883	1.121	1.069	1.151	1.006	1.151	1.054
	Pech	1	1	1	1	1	0.997	1	1	1
	Sech	1.028	1	1	1.004	1.004	1.017	1	1	1
	MI	1.09	1.16	0.88	1.09	1.05	1.033	0.988	1.144	1.054
2009～2013	Tech	0.961	1.053	0.916	0.947	0.932	0.94	0.95	0.957	0.964
	Pech	1	1	1.006	1	1	1.016	1	1	1
	Sech	1	1	1	1	1	1	1	1	1
	MI	1.076	0.882	1.005	1.148	1.058	0.981	0.995	0.95	1.139

续表

年份	地区	安徽	福建	贵州	河南	湖北	江苏	陕西	四川	重庆
2014~2015	Tech	1.074	0.882	1.005	1.161	1.047	1.007	0.983	0.948	1.135
	Pech	1	1	1.03	1	1	1	1	1	1
	Sech	1	1	1	1	1	1	1	1	1
	MI	1.092	0.882	1.035	1.169	1.122	0.997	0.995	0.95	1.139

单看江苏的变动情况,江苏技术进步指数自1999~2003年不断提高,在2004~2008年达到最高值1.151,说明技术进步对于江苏全要素生产率的提高起到了重要作用,同时,江苏的规模效率指数也在提高,说明规模经营对于江苏中籼稻的技术效率的提高发挥了重要作用。纯效率变化指数虽然从0.986变化到0.997,仍处于效率衰退阶段,但是江苏全要素生产率仍处于增长状态,说明纯效率变化指数对于江苏中籼稻生产效率的提高只起到微弱的作用。从贵州省的变动情况来看,其规模效率变化指数始终为1,纯技术效率的变化自从2008年后开始波动增加,这与全要素生产率与MI反映的情况基本一致。1999~2008年,技术进步变化指数下降,本来就不存在技术进步的情况下,技术进步指数又进一步下降,使得2006年全要素生产率下降到低谷。

2.3.3.3 晚籼稻全要素生产率及技术效率变化率分析

由图2-3可以看出,晚籼稻的全要素生产率也是一直在波动,2004年所有晚籼稻主产省的全要素生产率达到顶峰,浙江最高,达到了1.56。2005年所有晚籼稻主产省的全要素生产率下降,其中江西省最低为0.63,2007年以后,各省份的全要素生产率在1附近波动。

从表2-18来看,大部分地区的Malmquist指数比较高,1999~2003年,所有主产地区均高于1。2004~2008年,海南的Malmquist指数开始下降,但是在2014~2015年,海南的Malmquist指数又有了回升,相反,2014~2015年,福建、湖北、湖南和江西的Malmquist指数却下降了。

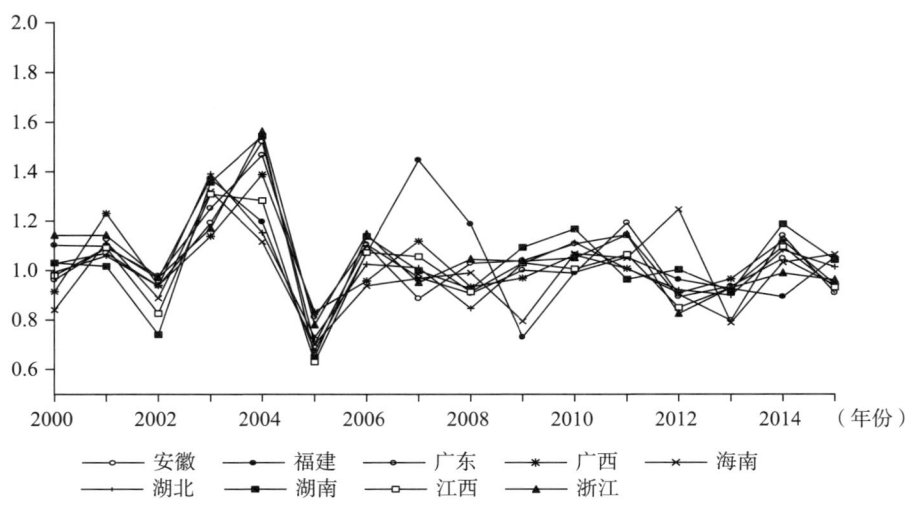

图 2-3 晚籼稻主要产区全要素生产率（TFPch）

表 2-18 不同时期晚籼稻生产地区的 Tech、Pech、Sech 和 MI 变化情况

年份	地区	安徽	福建	广东	广西	海南	湖北	湖南	江西	浙江
1999~2003	Tech	1.057	1.135	1.07	1.099	1.041	1.095	1.057	1.052	1.106
	Pech	1	1	1	0.962	1	1	0.970	1	1
	Sech	1	1	1.001	0.999	1	1	1	1	1
	MI	1.094	1.087	1.124	1.056	1.036	1.077	1.113	1.041	1.132
2004~2008	Tech	1.050	1.114	1.052	1.025	0.942	0.952	1.014	0.987	1.096
	Pech	0.999	1	1	1.037	1	1	1.027	1	1
	Sech	0.997	1	1	0.996	1	1	1	1	1
	MI	1.053	1.119	1.023	1.024	0.979	1.051	1.030	1.042	1.054
2009~2013	Tech	1.018	0.932	0.989	0.997	0.987	0.992	1.038	0.975	0.996
	Pech	1.001	1	1	0.983	1	1	1	1	1
	Sech	1.004	1	0.985	1.005	1.002	1	0.990	1	1
	MI	1.074	1.1055	1.027	1.088	0.9785	1.1565	1.0785	1.0535	1.144
2014~2015	Tech	0.993	0.972	1.013	1	1.047	1.047	1.082	1.012	0.974
	Pech	1	1	0.97	1.025	1	1	1	1	1
	Sech	1	1	1.038	1.005	1	1	1.028	1	1
	MI	1.092	0.882	1.035	1.169	1.122	0.997	0.995	0.950	1.139

在2004年之前，所有地区技术进步率均为正，说明技术进步和制度创新等极大地促进了全要素生产率的提高，结合本书选取的指标来看，种子秧苗费、机械作业费和排灌费等可以反映技术进步的要素在晚籼稻全要素增长率的提高方面发挥了重要的作用。重视机械化设备和水利设施建设，培育优良品种确实可以提高晚籼稻的生产技术效率。

另外，从2004年开始，安徽、广西的规模效率下降，海南的技术进步指数逐年升高，晚籼稻的全要素生产率的提高在很大程度上依赖于技术进步。福建的全要素增长率的下降与其技术进步率的降低也有一定的关系。浙江的技术进步率下降，纯效率变化指数和规模效率没有变化，MI指数在稳步增长，说明浙江在提高稻谷产量的过程中非常重视资金的投入。

2.3.3.4 粳稻全要素生产率及技术效率变化率分析

自从2002年以来，粳稻的全要素生产率也是呈现下降的趋势，波动程度相对较小，只有安徽的全要素生产率在波动程度较大，湖北全要素生产率自2013年开始逐年下降。从总体的趋势来看，粳稻的全要素生产率逐渐下降，出现效率降低的趋势（见图2-4）。

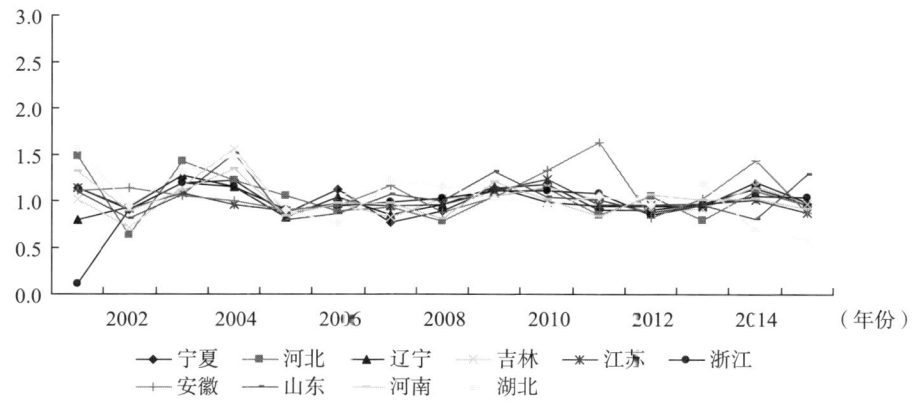

图2-4 粳稻主要产区全要素生产率（TFPch）

相对于籼稻而言，粳稻种植面积更为广泛。粳稻较耐冷寒。粳稻主产区在我国的黄河流域、北部和东北部，在南方地区，粳稻则分布于海拔较高的地方。在农业供给侧结构性改革的基础上，国家调减玉米种植面积，东北很多地区都进行了"旱改水"，将种玉米的地方改为了种粳稻，因此2016年以来，粳稻种植面积不断增加。

从表 2-19 可以看出，2014~2015 年，安徽粳稻的 Malmquist 指数最高，其次是黑龙江、辽宁和吉林，黑龙江粳稻生产效率始终居全国前列，这与其独特的地理位置密切相关，独特的气候条件和肥沃的黑土地，使得其具有得天独厚的生产水稻的条件。宁夏的 Malmquist 指数却在不断下降，从 1999~2003 年的 0.9906 下降到 2014~2015 年的 0.985，其技术效率值也不断下降，从 1 下降到 0.984，此后，纯技术效率一直在 1 以下，说明宁夏对粳稻种植的重视程度不高。

湖北的技术进步指数从 1999~2003 年的 1.020 下降到 2004~2008 年的 0.996，虽然纯技术效率和规模效率有了增加，但是 MI 仍然由 1.156 下降到 1.101，2009 年开始，随着技术进步的下降，MI 也不断降低。虽然规模效率略微有所上升，但是对于提高全要素生产率的增长率仍然杯水车薪。

2.3.4 基本结论

本书通过对不同稻谷生产效率的研究发现了以下几个结论：①从 2014~2015 年的生产效率来看，南方籼稻生产效率相对较高，广西的早籼稻和晚籼稻，海南的晚籼稻的 Malmquist 指数都在 1 以上。北方种植粳稻的效率较高，黑龙江、辽宁和吉林的粳稻投入产出效率也排在前列，相反湖北的粳稻投入产出效率却很低，因此在稻谷产区布局方面，可以结合地区优势布局。②通过将全要素生产率分解为技术进步效率、纯技术效率和规模效率，可以很清楚的发现，技术进步在全要素的提高中起着重要的作用。结合本书采用的投入指标，种子秧苗费、机械作业费和排灌费等，说明农业科技进步对于农业技术效率的提高又重要的作用，在农业中始终应聚焦农业科技进步前沿，重视农业技术进步，培育良种、推进农业机械化作业、完善水利设施，从技术方面提高稻谷的生产效率。在稻谷生产过

表 2-19 不同时期粳稻生产地区的 Tech、Pech、Sech 和 MI 变化情况

年份	地区	山东	云南	浙江	安徽	河北	河南	黑龙江	湖北	吉林	江苏	辽宁	宁夏
1999~2003	Tech	1.031	1.101	0.969	1.797	1.016	1.045	1.100	1.020	1.002	1.127	0.927	0.976
	Pech	1	1	1	1	0.995	1	1	0.977	1	1	1	1
	Sech	1	1	0.963	1	0.993	1	1	0.949	1	1	1	1.085
	MI	0.946	1.018	2.583	1.034	1.137	1.047	1.308	1.156	0.935	0.997	0.997	0.990
2004~2008	Tech	0.972	0.967	1.026	1.103	0.974	1.004	0.995	0.996	0.986	1.101	1.004	0.982
	Pech	1	1	1	1	1.001	1	1	1.010	1	1	1	0.904
	Sech	1	1	1.016	1	0.981	1.030	0.982	1.030	1	1	1	1.003
	MI	1.103	1.004	1.104	1.016	0.995	1	1.13	1.101	1.102	1.095	1.015	1.014
2009~2013	Tech	0.960	0.959	0.993	1.183	0.984	1	1.125	0.975	0.978	1.040	1.007	1.030
	Pech	1	1	1	1	1.008	1	1.045	1	1.004	1	1	0.986
	Sech	1	1	1	1	1.037	1	1.011	1	1	1	1	0.975
	MI	1.043	0.982	1.057	1.143	1.044	0.981	1.131	0.665	1.0735	0.995	1.108	0.941
2014~2015	Tech	1.039	1.102	1.074	1.131	1.017	1.049	1.155	1.037	0.981	0.639	0.982	0.980
	Pech	1	1	1	1	0.976	1	1	1	0.995	1	1	0.994
	Sech	1	1	1	1	0.952	1	1	1.002	0.999	0.965	1	1.085
	MI	1.043	0.982	1.057	1.143	1.044	0.975	1.131	0.665	1.074	0.965	1.108	0.985

程中，最应该重视农业技术进步这一方面。③针对目前籼稻和粳稻全要素生产率逐渐下降的情况，每个地区应进一步加强对于稻谷产业的重视，延长稻谷产业链，培养优质农产品，打造地区农产品特色品牌，提高稻谷附加值，通过科技进步、技术进步和机制创新提高稻谷的生产效率。

第3章　中国粮食储备制度发展及改革分析

中国作为世界人口大国，2016年底全国人口总量已达13.83亿，位居世界第一。如何有效保障我国城乡居民粮食消费需求、实现粮食安全，一直是我国长久以来的首要任务。自中华人民共和国成立以来，经过数十年的不断努力，我国在有限的耕地与自然资源的基础上已基本实现了谷物的自给与口粮绝对安全的目标。2015年全国粮食总产量达到6.21亿吨，实现了粮食生产的"12连增"。然而，在粮食产量节节攀升的同时，粮食进口量同样增速迅猛。2014年我国粮食进口首次突破1亿吨。2015年上半年，我国累计进口包括小麦、玉米、大麦在内的谷物及谷物粉达到1629万吨，同比增长超过60%。与此同时，我国粮食库存总量近年来亦达到历史高位。过去10年，国内粮食产量年均增长率不到3%，但库存增长率则超过8%。一些粮食主产区面临巨大的收储压力，部分品种出现了阶段性过剩的情况。粮食产量、进口和库存"三量齐增"的表层原因是国内外市场存在的粮食价差，但实质是由于我国粮食储备制度和政策的现存弊端。在我国人口继续增长、资源环境约束日益增强，经济由高速增长转向中高速增长的新常态下，确保我国13亿人口粮食安全依然是我国未来发展过程中面临的一项重要挑战。

粮食储备作为连接粮食生产与消费间的关键环节，具有"蓄水池"的重要功能。通过粮食丰收年份的托底收购，歉收年份的库存抛售，能够有效的保障粮食供需平衡、平抑市场价格剧烈波动，发挥着社会稳定器的重要作用。显然，粮食储备是确保国家粮食安全的一项重要制度安排，完善储备制度对于构建和实施新的粮食安全战略具有重要意义。目前，我国已构建了一整套由国家粮食专项储备、地方粮食储备和社会粮食储备组成的粮食储备体系，同时形成了中央和地方两级、多层次的粮食储备管理体系,对我国粮食市场的平稳运行起到了积极的推动作用。然而,需要看到的是,在我国社会经济环境快速发展以及国际粮食市场纷繁复杂的情况下,我国粮食储备制度仍需要持续加以完善,进而才能有效协调国内粮食供需平衡,实现粮食安全的总目标。为此,本章内容拟通过对我国粮食储备制度发展现状及特征的分析,以及对不同国家粮食储备经验借鉴的基础上,探讨我国粮食储备政策的不足,从而为加快我国粮食储备制度改革提供政策建议。

3.1　中国粮食储备制度发展的状况和特点

自中华人民共和国成立以来,我国粮食储备制度变迁经历了 1949～1952 年自由购销时期的粮食储备制度到统购统销时期国家垄断的粮食储备制度,再到 1990 年建立的粮食专项储备制度,粮食储备体系和管理制度日益完善。目前,我国粮食储备实行中央储备粮垂直管理,地方储备粮"省级—市级—县级"分级管理的制度。

3.1.1　中央储备粮垂直管理制度

1990 年为解决粮食增产丰收引起的卖难问题,我国建立了粮食专项储备制度,成立了国家粮食储备局,专司负责粮食储备管理工作。国家粮食专项储备的职能主要是,调节全国粮食供求总量,稳定粮食市场,以及应对重大自然灾害或者其他突发事件等情况,粮食储备包括常规性储备和战略性储备。1998 年,《国务院关于进一步深化粮食流通体制改革的决定》(国发〔1998〕15 号)明确提出,"中央储备粮实行垂直管理体制"。2000 年,我国组建了中国储备粮管理总公司,承担原由国家粮食储备局承担的中央储备粮调运、轮换、仓储管理和进出口等职能。中储粮总公司在国家宏观调控和监督管理下,实行自主经营、自负盈亏。总公司在粮食主产区和主销区组建分公司,对分公司进行垂直管理,分公司下设直属库以及委托地方粮食企业代储中央储备粮。自此,我国中央储备粮垂直管理体系初步形成。此后,为进一步加强和改善国家粮食宏观调控,我国通过扩大中央储备粮规模(国发〔2003〕28号),按照中央和省级政府粮食事权划分,健全和完善中央和省级粮食储备制度和调控机制(国发〔2004〕17号),逐步完善了中央储备粮管理体系。自2004年开始,中储粮受国务院委托对粮食主产区稻谷实行保护价收购政策,2006年和2008年开始分别执行小麦保护价收购和玉米临时收储政策,中央储备粮的功能拓展到保护粮农利益、解决卖粮难问题上,粮食储备扩展至政策性储备。截至2013年底,中储粮在全国设立24个分公司,人员、机构和业务覆盖全国31个省、自治区、直辖市,总公司所属的直属库达338个,国家粮食专项储备体系见图3-1。中储粮总公司利用直属库存储中央储备粮,还委托部分地方粮库和社会仓库代储中央储备粮。

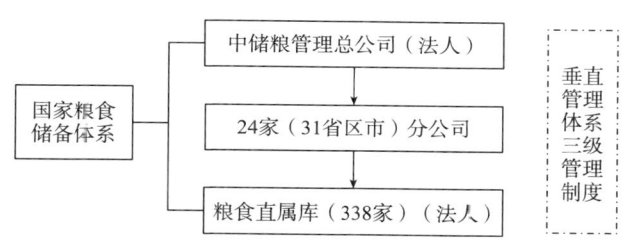

图3-1 国家粮食专项储备体系

从功能上来看,中央储备粮食我国粮食安全战略中的重要组成部分。2003年国务院颁布的《中央储备粮管理条例》指出,中央储备粮由中国储备粮管理总公司(以下简称"中储粮")负责经营管理,同时对储备粮的数量、质量与储备安全负责。国家粮食行政管理部门根据国务院批准的中央粮食储备规模、品种和总体布局方案提出中央储备粮收购与销售计划,经发展与改革委员会、财政部等机构审核通过后,由发展与改革委员会、国家粮食行政管理部门、财政部以及中国农业发展银行共同下达给中储粮。中储粮根据中央储备粮的收购和销售计划具体组织开展粮食经营活动,中国农业发展银行负责发放中央储备粮所需贷款,并对贷款的使用进行监督管理。

3.1.2 地方粮食储备分级管理制度

地方储备是地方政府用于调节本地区粮食供求，稳定市场以及应对区域性重大自然灾害或突发事件的粮食和食用油储备，粮权归各级地方政府。我国地方粮食储备包含省、市、县三级储备（见图3-2）。1994年《国务院关于深化粮食购销体制改革的通知》首次提出"省长负责制"，1998年国家实行以"四分开一完善"为重点的粮食流通体制改革后，为进一步落实粮食省长负责制，切实加强国家粮食宏观调控，各省建立了省级粮食储备，并制定了《省级储备粮管理条例》。市县政府根据《省级储备粮管理条例》，制定了相应的管理办法。从1999年开始，中央财政对各省（自治区、直辖市）实行了粮食风险基金包干。粮食风险基金由中央和地方政府共同筹资建立，用于支付省级储备粮油的利息、费用补贴（国办发〔1998〕17号）、陈化粮的挂账利息开支以及国有粮食购销企业分流人员的补助等（财政部财建〔2004〕75号）。

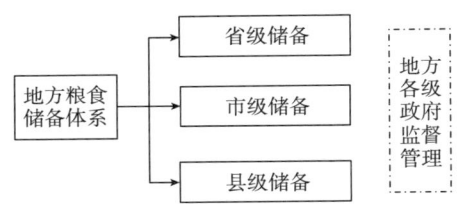

图3-2　地方粮食储备体系

3.2　国外粮食储备制度发展现状及特点

粮食安全问题是全球共同关注的一项重点问题，为了有效保障粮食的有效供给，世界各国均建立了与其社会经济发展相适应的粮食储备制度。显然，了解并

第 3 章 中国粮食储备制度发展及改革分析

分析其他国家粮食储备制度的发展变化及其运作方式，对于进一步完善我国粮食储备管理以及相关政策具有较强的借鉴与参考价值。为此，本部分内容在考虑了地区差异与国情差异的基础上，重点选择了美国、俄罗斯、澳大利亚和印度四个国家，以期反映美洲、欧洲、大洋洲和亚洲，以及发达国家与发展中国家在粮食储备制度变化和运作方面的特征。

3.2.1 美国粮食储备制度的发展现状及特征

美国的粮食出口量居于全球第一，每年粮食出口数量约占世界粮食出口总量的一半，在世界粮食市场中占据着重要的地位。从粮食生产与储备情况来看，美国的耕地面积占到了国土面积的1/5，约为2亿公顷，粮食自给率超过140%；每年生产的粮食中有40%的产量转化为了储备粮，其在粮食储备方面已形成了相对完善的体系结构。美国在粮食储备制度及结构上主要采取了联邦储备与社会储备相结合的方式，并在粮食储备管理上形成了市场调控与国家调控相结合的模式。具体如下：

（1）联邦储备。

作为联邦制国家，美国的联邦储备制度即类似于我国的政府储备，但其粮食储备量相对较少，在全美每年粮食储备总量中的比例仅为3%左右。在具体操作上，联邦储备由美国政府控股的农产品信贷公司负责，并由该公司委托具有粮食储备能力并符合相关资质的企业进行粮食存储，而并非由农产品信贷公司自行建立粮储设施并储存粮食。粮食的所有权属于农产品信贷公司，受委托的粮储企业仅负责日常管理，粮食储存过程中的损耗、费用等仍由农产品信贷公司承担。农产品信贷公司通过粮食市场价格下跌时的收购行为，以及粮食价格过高时的储备粮抛售方式，起到保障粮食市场稳定、平抑市场过大波动的作用。

（2）社会储备。

社会储备在美国粮食储备总量中占据主要地位，并主要通过生产者储备与私人企业储备相结合的方式予以进行。其中，生产者储备的粮食仓储量占到全美粮食储备总量的50%以上，私人企业储备的粮食仓储量占到了全美粮食储备量的42%左右。

美国政府在对粮食市场预测的基础上确定每年的粮储计划，并通过自主储备计划鼓励生产者进行粮食储备。粮食生产者可以通过该计划与商业贷款公司签订协议，以获得贷款公司提供的粮食储备费用与低息贷款。在贷款价格高于市场粮价时，生产者的粮食储备行为能够获得相关补贴和低息贷款；并且生产者想出售粮食时，贷款公司还可以按照贷款价格收购粮食，并由美国政府控股的农产品信贷公司将收购的粮食转为联邦储备。在贷款价格低于市场粮价时，生产者的粮食储备行为仅能够享受低息贷款，而不能再获得储备费用等补贴；生产者想出售粮食时，须先偿还清贷款和利息，此外如果粮价继续上涨，生产者必须出售粮食偿还贷款，从而在避免粮食市场囤积居奇现象的同时，也发挥了市场调节的作用。

3.2.2 俄罗斯粮食储备制度的发展现状及特征

俄罗斯作为世界粮食第三大出口国，其耕地面积约为1.3亿公顷，传统粮食作物主要为稻谷、小麦、豆类和马铃薯等品种。政府储备与社会储备是俄罗斯粮食储备的主要组成，其中政府储备约占总储备量的40%，社会储备约占总储备量的60%。

（1）政府储备。

俄罗斯在粮食政府储备方面主要通过农业部下属的中央粮库予以开展，目的是保障粮食供给与避免粮价大幅波动问题。此外，俄罗斯政府还以控股方式，通过联合粮食公司对全国的粮食储备进行管理。

（2）社会储备。

俄罗斯在粮食的社会储备方面，主要是通过农业企业、私人农场和农户三类主体实现粮食仓储，其主要用于保障周转储备与临时出口。

3.2.3 澳大利亚粮食储备制度的发展现状及特征

澳大利亚作为世界第四大粮食出口国家，粮食耕种面积约为0.2亿公顷，传统粮食作物为小麦、大麦等品种，农业生产机械化与现代化水平较高。澳大利亚粮食储备具有储存与经营相分离的特点，同时构建有严格的粮食储备监管体系。

（1）粮食储备与粮食经营相分离。

澳大利亚粮食储备同样包括政府储备与社会储备两大部分，但两类粮食储备均由 5 家全国性的储运公司负责仓储。从功能上来看，上述 5 家储运公司仅具有粮食收购与储存功能，并不具有粮食的销售权力，同时粮食储备主要以非营利性方式进行开展，储运费用相对较低；而粮食的贸易、销售均由小麦局负责。也就是说，澳大利亚在粮食储备与粮食经营两方面的工作相互独立。

（2）严格的粮食储备监管体系。

澳大利亚通过危害分析与关键控制点系统（HACCP）实现对粮食生产、运输、仓储与经营的监管，通过对整个粮食储备各环节物理、化学与生物三方面的严格管控以保障粮食质量，并进一步建立了粮食企业的问题产品紧急召回机制，以最终实现食品安全的总目标。

3.2.4 印度粮食储备制度的发展现状及特征

印度是全球主要的发展中国家之一，人口数量居于世界第二位。为了有效保障粮食的有效供给，印度构建了国家粮食储备安全制度，并主要通过印度粮食公司（Food Croporation of India，FCI）予以实施。此外，印度政府还通过定向公共分配制度和《国家粮食安全法案》向全国贫困人口提供粮食供给补贴。

（1）现行粮食储备措施。

印度政府主要通过消费者食物、食品和公共分配部下属的公有企业印度粮食公司（FCI）执行国家粮食政策，进行粮食的收购、储存与分配。目前，印度政府粮食库存存在"过量"现象，已远高于库存标准；同时，由于缺乏现代化仓容，粮食损耗现象也较为突出；加之较高劳动力成本等方面的原因，FCI 运营成本不断增高。

（2）粮食储备制度改革。

为了应对现行粮食储备过程中存在的相关问题，印度政府于 2014 年开始对粮食储备管理制度进行了改革。主要体现在以下方面：一是简化收购体系。通过引入私人收购主体提高竞争性，进而提升粮食收购效率；同时完善仓储结构，并减少收购过程中的层次结构，降低成本。二是调整 FCI 职能。FCI 不再直接收储粮食，而是改为委托经验丰富的有关帮政府予以完成，FCI 检验帮政府收购的粮食认为合格后再加以接收;同时,FCI逐步将仓储业务外包,由中央和地方仓储公司负责粮食的储藏,并且引入私人部门建设现代仓储设施参与粮食储存业务;此外,FCI还进一步将自身组织结构扁平化,减少层级结构、降低人工成本。三是改变补贴方式。将对贫困人口提供的粮食供给补贴从粮食实物补贴,逐渐转变为现金补贴,以减少粮食专项运输过程中的过度损耗问题。

综上,尽管世界各国在粮食储备制度上各具特色,但从整体上来看,各国的粮食储备制度均表现出了一个市场化的趋势,即政府的粮食储备在全部粮食储备中所占的比例呈逐渐下降趋势,各国对粮食市场的管控主要通过有关粮食政策、法律等措施,依靠市场方式调节粮食储备体系与粮食市场,以提高粮食储备运行效率与粮食市场调控效率,从而为国内粮食的供需平衡与价格的稳定提供良好的外部环境,并达到粮食安全的目的。

3.3 中国粮食储备制度存在的主要问题

当前,我国粮食储备管理存在诸多问题。首先是中央和地方粮食两种储备制度的衔接和协调管理问题;其次是两种储备制度各自存在的特有问题,如中央储备粮政策性职能和商业性经营行为交织、政策性收储效率递减,地方储备粮布局不合理、国有粮食收购部门竞争力下降等;最后是共性问题,如储备粮品质和结构、基础设施建设以及监管等问题。

3.3.1 中央粮食储备制度存在的问题

3.3.1.1 政策性储备职能和商业性经营行为交织

作为中央储备粮收储执行主体,中储粮总公司及直属库承担国家常规性粮食收储、政策性粮食收储等职能,政策性职能十分突出。但在实际经营中,中储粮公司还从事粮食流通、进出口贸易等经营性业务,并接受国资委的统一监督管理和利润考核,其中针对中储粮的绩效考核指标不仅包括储备粮宜存率、轮换完成情况等政策性职能考核,还包括与其他大型中央企业相同的利润增值等经营性业务指标的考核。在政策性职能和商业性经营行为相互交织的管理机制下,企业经营陷入两难境地。侧重政策性职能,则绩效考核处于劣势,影响企业经营积极性;侧重经营性职能,会影响政策性职能的履行,同时企业面临较大的经营风险,也极易滋生腐败等问题。

3.3.1.2 储备粮品质与结构亟待优化

目前,我国的粮食储备数量大大高于国际公认的库存消费比17%~18%的粮食安全线,粮食供应保障程度高。但储备粮品质与结构尚待进一步优化。一是储备粮品质不高。为了满足庞大的粮食收储需求,中储粮基层单位对粮食入口环节的掌控较松。近年来数次出现储备粮质量问题。2012年6月根据中储粮河南分公司质检中心的第一期报告品质检测,中央储备粮不合格率高达22.24%。二是收储粮食品种品质结构不合理。国内平衡有余、轮换经营困难的稻谷比例偏大,小麦特别是专用优质小麦的比例不高,不能够满足市场需求。

3.3.1.3 储备粮监管机制尚不完善

我国目前中央直属储备库管理的储备粮只有30%左右,70%左右的储备粮由地方储备管理。由于中央储备粮实行垂直管理制度,既不受工商、税务、卫生等部门的监管,也不受地方粮食局监管。因此,直属库的监管主要以内部监管为主。当监管不力的时候,就容易出现截留、挪用政策性储备粮的财政补贴、"转圈粮"、以旧顶新、擅自更改入库成本等违规、违法事件。2012~2013年,中储粮河南分公司、漯河直属库等单位因监管不到位,存储在承储库点的粮食发生短库、质价不符等问题,造成高达7.85亿元的巨额损失,同时也形成了粮食安全隐患。

3.3.1.4 储备经营成本不断上升

随着我国粮食储备规模不断扩大,储备经营的成本持续上升。一是储备粮保管、轮换成本不断上升。储备粮经营成本持续上升主要源于:随着我国人均收入水平提升、消费结构升级,百姓更多选择购买优质新粮,陈粮消费市场日渐萎缩，轮换周期大大缩短；另外，随着我国工业化、城镇化进程加快，劳动力、水电、铁路运输等成本逐年上涨，粮食轮换出库成本不断增加。二是企业管护、扩容资金成本较高。1998年以来，中央财政共投入国债资金343亿元，先后分3批在全国建设了1130个中央储备粮库，形成了5565万吨的仓容，极大地充实了我国粮食储备基础设施。但后期管护维修等需要不断投入，直属库扩容所需的土地征用资金、员工工资等支出也在不断增加。

3.3.1.5 托市收储效率逐年下降

在全球经济下滑、粮食价格下行以及国内生产成本刚性上涨背景下，我国政策性收购规模连续增大，但收储效率日益下降。主要表现为三个方面：一是政策性储备粮规模不断增加，库容压力和财政负担均显著增加。二是托市收购的粮食价格连年提高，影响了市场机制的正常发挥，导致粮价扭曲、缺乏弹性，陷入国内粮食连年增产、收储大量增加、同时进口数量激增的"怪圈"。三是粮食顺价销售困难，国有粮食企业库存承受巨大压力。以玉米为例，近三年来，国家实际收购的临时存储玉米累计超过1.8亿吨，结余量超过1.5亿吨。由于拍卖底价较高，在消费低迷、企业经营困难的情况下，加工企业难以接受，大量库存积压使得各地库存爆满、仓容紧张。东北产区许多地方出现了收不进、掉不动、销不出、储不下的局面。

3.3.2 地方粮食储备制度存在的问题

（1）中央与地方储备协调机制不健全。

根据《国务院关于进一步深化粮食流通体制改革的意见》（国发〔2004〕17号）文件，我国地方储备量要保持3个月销量、销区保持6个月销量，目的是确保区域内粮食供给安全、市场稳定。但在实际执行中，地方储备粮调节机制往往与既定目标不相一致。市场粮食供不应求、价格上涨时，地方政府优先增加地方储备，而供过于求、价格下跌时，优先增加中央储备粮。这种机制形成的根源，既与"米袋子"省长负责制有关，也与中央和地方在粮食储备上的职能分割与相互独立直接相关。

(2) 地方粮食储备布局不合理。

一方面，从产销区分布来看，目前我国的政府储备粮主要分布在粮食主产区，约占全国粮食储备的 72%。受地理位置和交通制约，省际间粮食调剂运输压力较大，特别是在粮食短缺时，强化了卖方市场。另一方面，从省内储备库及委托代储点来看，存在储备库点区域间分布不合理，区域内过于集中的问题。例如，我国个别省份储备规模只有 30 亿斤左右，承储库点却超过 1000 家，直接影响调控效果。2012 年四川承储的中央储备粮规模和地方储备规模相当，但地方储备企业数量是中央储备（含代储企业）的 4.4 倍。全省 32 个县的县级储备粮承储企业超过（含）2 家，其中又有 8 个县的县级储备承储企业超过（含）3 家。基层储备点布局密度大，不仅导致储备成本增加，还引发了集中收购时期的收粮难、收购价格盲目上涨等现象。

(3) 国有粮食收购企业竞争力不强。

现阶段，我国国有粮食购销企业改革仍不彻底。国有粮食购销企业改革的分流人员相当一部分进入了地方粮食储备体系，企业人员负担重。一方面，由于规模有限，加之经营能力、抗风险能力不足，缺乏市场竞争力，多数企业只有地方储备业务，自营业务量很小，企业负担极重，需要依靠补贴来维持正常运营。另一方面，随着流通体制改革的不断深化，粮食经纪人、加工企业等流通主体，在收购市场的活跃程度远高于国有粮食购销企业，加剧了收购市场的竞争程度。国有粮油公司粮食收购量逐年下降，使得地方储备规模难以达标。2013 年，小麦、稻谷、玉米等国家政策性粮食托市收购 7409 万吨，占全社会粮食商品粮总量的 15.8%，国有企业通过轮库等方式收购中央储备粮 9453 万吨，占全社会粮食商品粮总量的 20.2%。两项加总，国有粮食部门收储的粮食仅占全部粮食商品量的 36.0%。据四川中江县凯江粮油公司反映，2007 年以前，国营粮油企业收购的粮食占当地的 60%～70%，近几年国营粮油企业收购的粮食占比下降至不足 30%。

(4) 地方储备基础设施建设不足。

地方粮食储备通常集中在产粮大省、产粮大县，这些县通常又都是财政穷县。由于储备库点较多，省地市级财政资金有限，粮库基础设施建设投入不足问题异常突出，仓库老化较为严重。据统计，2012 年全国"危仓老库"仓容达

1794 亿斤，占总仓容的 1/3①。据 2012 年四川"危仓老库"专项调查资料，调查的 555 户粮食仓储企业，需大修仓容 450.79 万吨，占总仓容的 29.9%；待报废仓容 163.5 万吨，占总仓容的 10.9%；1998 年以前建设的仓库仓容为 839.3 万吨，占全省的 2/3。

另外，与中央粮食储备管理体系相似，地方粮食储备也存在监管不力、粮食储备数量与品种结构不合理、储备成本上升等问题。

3.4 加快粮食储备制度改革的政策建议

（1）明确中央和地方储备职能定位，进行分类指导与管理。

国家粮食储备的主要目标，首要是保证粮食在紧急情况下的安全供给，平抑市场价格、稳定生产者收入及经济效益是衍生目标。因此，中央储备应以常规储备为主。首要职能是在做好"备战备荒"的常规性安全储备的基础上，重点加强对后备储备的管理，使常规性后备储备成为国内粮食供需平衡的重要蓄水池和有效调节器。经营性职能应适当弱化，商业储备规模适度缩小。在现有储备规模基础上，不断提高政策性储备的吞吐效率。

地方储备的主要职能是确保地方粮食供需平衡，粮食储备可以常规储备和商业储备为主。常规储备应参照中央储备粮定位，发挥调节区域粮食市场供需的作用；商业储备以商品粮为主，在平抑地方粮食市场波动的同时，弥补地方财政补贴不足的缺口。减少县级粮食储备规模，适度增加省级粮食储备规模，充分发挥地方政府的粮食市场统筹调控作用。

（2）统筹中央和地方储备粮食区域布局，优化储备粮食品质和结构。

一是结合农业种植业结构调整的规划，根据粮食生产区域、加工基地分布、产销地的生产与需求规模、交通运输状况以及贸易格局，制定兼顾产区与销区、

---

① 引自国家粮食局局长任正晓 2013 年 1 月 22 日在全国粮食流通工作会议上的报告。http://www.chinagrain.gov.cn/n16/n1077/n1737/4886135.html.

生产与消费的国家粮食储备的区域性布局规划。合理分级测算中央和地方粮食储备规模。

二是深化地方粮食储备体系改革。通过合并重组等方式，减少县级储备点，解决县级储备企业布局密度较大的问题，提高地方粮食储备企业的综合竞争力，加强粮食主销区储备体系建设。

三是根据各地区口粮消费习惯和工业用粮品种需求，以及不同粮食品种的储藏特性，分别确定中央和地方储备粮食品种结构。增加财政投入，提高优质粮食的收购价格，与普通粮形成一定价差。加强中央和地方入库粮食品质的监管。增加优质粮食的储备比例。

（3）强化粮食储备监督和管理，确保储备职能有效发挥。

一是进一步完善中储粮系统职能和管理体制，建立政策性职能与经营性职能彻底分开的体制机制。在绩效考核中适度提高储备粮宜存率、轮换完成情况等政策性职能指标的权重，适度调低利润增值等经营性指标的权重。完善中储粮公司管理不同业务的政策性补贴核算办法，建立激励约束机制。

二是加强地方粮食储备监督和管理。按照省长负责制的要求，严格落实产区3个月储备，销区6个月储备的任务。完善地方政府与收储企业的委托代理关系，特别是要建立健全监督机制和问责制度，通过及时有效的吞吐调节，引导企业建立商业性储备，稳定农产品市场供应。

三是针对储备成本持续上升，基于地区差异，适当提高粮食储备保管费用补贴水平，合理调整补贴标准；适当提高粮食主销区粮食轮换费用补贴标准，实现企业可持续经营。

（4）加大基础设施建设管护力度，消除粮食储备安全隐患。

一是增加对中储粮直属库基础设施建设投资补贴力度。在合理扩容和新建的基础上，适度增加中央财政预算对中储粮基础设施建设的投资力度，重点改造一批严重老化的仓储设施。

二是在地方储备企业减员增效的基础上，增加对地方粮食仓储等基础设施建设的投资和补贴力度，集中用于重点储备企业的仓储设施维修和管护，提高资金使用效率，确保地区粮食储备安全。

（5）完善重要农产品临时储备制度，进一步推进市场化运作。

从连续数年的政策性托市收储经验来看，继续完善我国托市收储制度迫在眉睫。

一是完善现有临时收储制度。减少政策对市场的干预程度，允许托市收购价格在不影响安全目标的前提下合理波动，发挥市场机制在资源配置中的决定性作用。科学设定收储规模，不再实施敞开性收购。

二是进一步推进收储价格的市场化运行。目前我国已在棉花、大豆作物的收储上试点实施了目标价格政策，对于玉米生产上试点实施了生产者补贴。未来可在综合评估基础上，针对当前试点中暴露的矛盾和问题，研究制定和完善应对措施，考虑针对水稻的生产与收储采取进一步的市场化运作方式。

第 4 章 中国稻谷最低收购价的现状与问题

中共十九大报告针对粮食安全问题,明确指出要把中国人的饭碗牢牢端在自己手中,并提出了"以我为主、立足国内、确保产能、适度进口、科技支撑"新时期和新时代背景下的国家粮食安全战略。为保障粮食价格稳定、促进农民增收、服务宏观调控等,国家实行了粮食最低收购价政策。虽然该政策发挥了显著的积极作用,并达到了政策的设计预期。但面对粮食供求关系发生的新变化,现行政策的一些消极影响和操作中存在的问题日益凸显,制约了最低收购价政策效果的持续发挥(宋洪远,2016),尤其是粮食生产量、库存量、进口量"三量齐增"现象日趋明显。随着继续深化粮食收购政策市场化改革的进行,粮食收购政策改革已成为进一步保障我国粮食安全的必由之路。

4.1 中国稻谷价格支持政策和收储制度的变革

4.1.1 粮食价格政策的演变

粮食价格的形成与经济状况、稻谷供求形势、居民收入以及消费结构等因素密切相关。自1949年以来,我国粮食政策不断改革和变化,由过去粮食供应量的管理和价格管控向使用经济、法律等手段调节粮食市场转变,逐步建立了我国粮食价格支持、补贴政策与产业支撑等相结合的粮食价格政策体系。我国粮食价格政策可以分为三个阶段：

（1）1949~1995年，主要实施统购统销政策。

1949~1952年，当时粮食市场上出现了多种经济成分并存的情况，对此，国家在对粮食实行自由贸易的前提下，加强了公粮征收，进一步强化国营粮食企业在粮食收购中的主导地位。1953~1984年，国家制定了统购统销的价格，该价格在全国范围内基本一样，且在此期间该价格多次被提高。1985~1992年，国家开始实行合同订购并制定价格，并于1991年提高了粮食统销价格，在此基础上，1992年实行购销同价，这促使各地陆续放开粮食购销价格，促进了粮食的改革进程。1993年，我国全面放开粮食购销价格（除西藏外），但是对城镇居民口粮销售价格实行限价政策。1994年，国家再次提高了粮食订购价格和城镇居民口粮的销售价格，并将这两个价格的定价权收归国家统一制定和管理。1995年，国家将粮食事权划分到中央和地方两级，并做好总量平衡，此外，将粮食部门的政策性业务和商业性运营划分开，实行两线并进，进一步构建责权统一的中央粮食调节管理体系，由此，实行了超过40年的粮食统购统销制度彻底终结。

（2）1996~2003年，主要实施粮食保护价收购政策。

1997年，我国按粮食保护价敞开收购议价粮，以针对当年的粮食大丰收情况。1999年，我国粮食总量大体保持年度平衡，且丰年有余，但是粮食生产结构性矛盾日益突显，优质粮食品种供给不足，而普通品种的库存压力较大，对此，国家调低了部分品质差的粮食品种的保护价格，或第二年将这些品质差的品种直接退出保护价的收购范围。2001年，随着我国加入WTO，我国社会主义市场经济体制初步建立，粮食生产和流通的形势发生了变化，且加入WTO给粮食的产销带来了新的机遇和挑战，对此，国家调整了粮食保护价收购范围，对部分粮食品种采取退出保护价收购范围，如晋冀鲁豫等地区的玉米、稻谷等，与此同时，推进粮食主销区粮食购销市场化改革，放开粮食收购，将粮食价格交由市场供求决定，市场化粮食供销体系初见雏形。

（3）2004年至今，开始推行粮食最低收购价格、临时收储、对种粮农民直接补贴等支持政策。

2004年，我国开始制定粮食的最低收购价政策，该政策是为了保障市场供求和农民的利益，对短缺的重点粮食品种，在粮食主产区实行的一种价格支持政策。当市场价格低于收购价格时，由国家规定的粮食企业按粮食最低价格进行收购；当市场价格高于收购价格时，按市场价格进行收购。该政策主要是针对主产区的稻谷和小麦实行该政策，而对玉米、大豆和油菜籽等作物在个别年份执行临时存储收购价格。随着最低收购价政策的影响，导致粮食"三量齐增"现象出现。2014年起，开始推行大豆目标价格政策试点。自2014年开始，经国务院批准，国家发展改革委、财政部、农业部联合发布大豆目标价格，实行大豆目标价格政策后，取消临时收储政策，生产者按市场价格出售大豆。2016年，为促进农业供给侧结构性改革，国家开始对玉米实行生产者补贴，取消临时收储。此外，自2004年以来，我国对农民实行直接补贴，保障种粮农民的收入水平。

4.1.2 稻谷收储制度的变革

稻谷作为三大主粮之一，也是口粮最主要的粮食品种。我国稻谷种植面积约占粮食总面积的1/3，约占谷物总产量的1/2，且我国有2/3的人口以稻谷为主食。因此，对稻谷收储制度的改革关系到国家粮食安全战略。我国稻谷收储制度改革同样可以分为三个阶段。

（1）1990~1993年，稻谷价格全面保护阶段。

1990年，我国开始对稻谷实行收购保护价政策，国务院颁发的《关于加强粮食购销工作的决定》中规定完成国家征购任务后，有意愿继续交售余量的农民不能限收或拒收。国家于当年的8月下达稻谷的议购指导价，如1990年，南方主产区的早籼稻为37元/100斤，而其他稻谷品种，按统购价加各地早籼稻议购指导价与统购价的差价，作为议购指导价，并规定议购指导价上浮不得超过10%，下浮不得超过5%。1990~1992年，这三年期间一直实行稻谷收购保护价政策。1993年，国务院颁发《关于建立粮食收购保护价格制度的通知》，表明我国建立了粮食收购保护价制度。该文件首次确定了收购保护价格的原则、范围等具体内容，还提出了粮食风险基金制度，为确保粮食收购制度的落实和开展提供了资金支持。通知中，还明确规定了收购品种和标准：早籼稻为21元/百斤，中籼稻26元/百斤，晚籼稻28元/百斤，北方粳稻35元/百斤，南方粳稻31.5元/百斤。

(2) 1994~2003年，稻谷价格选择保护阶段。

基于稻谷价格保护制度，国家从组织、仓容、资金、技术等方面进一步完善了该制度，并确保该政策制度的落实。例如，构建"米袋子"省长负责制，为稻谷价格保护制度提供组织支撑。1994年颁布的《国务院关于深化粮食购销体制改革的通知》确保了地方领导责任制。1995年的《政府工作报告》中进一步明确规定"要坚持'米袋子'省长负责制"。1999年，由于我国稻谷生产结构性矛盾出现，稻谷库存积压量较大，导致财政补贴负担过重，国家决定对早籼稻实行退出保护价收购范围，而进一步降低中晚稻的定购价水平。

(3) 2004年至今，稻谷价格重点保护阶段。

2004年，我国开始对稻谷实行最低收购价政策，并定期发布稻谷最低收购价预案。由于2004年的最低收购价格低于市场价格，没有启动该项政策。2005年的早籼稻和中晚籼稻的市场价格都低于最低收购价，因此，最低收购价政策正式启动。2008年，为了应对国际市场粮价的波动，维护国内粮食市场的稳定，国家在最低收购价政策的基础上实行临时收储。例如，2008年9月，我国粮食市场价格下跌严重，国家启动临时收储政策，在东北地区和南方部分地区先后分三批临时收储稻谷，国家收购稻谷达2250万吨。2010年开始，为进一步提高种粮积极性和粮食产量，国家决定提高最低收购价水平。

4.2 中国稻谷最低收购价的现状和取得的成效

2004年至今，我国一直实行最低收购价与市场形成价格的机制。最低收购价与市场形成价格并存逐渐成为政府调控粮价的一个重要手段：当市场粮价低迷时，政府以最低收购价收购粮食，一旦市场价格高于最低收购价就停止政府收购。最低收购价的实施，对防止粮价下跌、稳定农民收入、促进粮食生产，保障粮食安全具有重要的意义，对粮食价格的下行起到了重要的支撑作用。

4.2.1 我国稻谷最低收购价政策的执行情况

我国稻谷最低收购价政策设计的出发点是在充分发挥市场机制的基础上实施宏观调控,即国家每年确定稻谷最低收购价格水平并制定相应的执行预案,当市场价格高于国家的托底价格时,执行预案不会启动,稻谷收购价格由市场供求形成,各类收购主体按照市场粮价自行收购;当市场价格低于国家的托底价格时,托市预案便会启动,政策执行主体中国储备粮管理总公司及其委托的公司按照最低收购价收购稻谷,其他稻谷企业还是随行就市进行收购。例如,2004年由于市场粮价在最低收购价格水平之上,当年制定的稻谷最低收购价执行预案没有启动;2007年的中晚籼稻市场价格较高,当年的中晚籼稻最低收购价执行预案也没有启动。最低收购价政策的执行范围有严格规定,一般是主要稻谷品种的重点主产区,如早籼稻主要是湖北、湖南、江西、安徽、广西等省区;中晚稻主要是湖北、湖南、江西、安徽、四川、吉林、黑龙江、广西、江苏、辽宁、河南等省区。此外,为了便于农民售粮,托市政策的执行时间主要集中在夏粮和秋粮的收获季节,超出政策期限后农民只能按照市场粮食价格出售粮食。如早籼稻为7月中旬~9月底;东北三省的粳稻为11月中旬~次年3月底,其余各省区为9月中旬~12月底。

从价格来看,国家的粮食托市收购价格在2008年以前一直维持同一水平没有变化,从2008年开始有了较大幅度的提高。这主要有三方面原因:其一是托市政策从2004年才开始施行,头几年对于最低收购价格水平"提不提、提多少"还在摸索阶段,各方没有形成明确的认识;其二是2008年金融危机爆发以后,国内粮食生产成本较过去大幅上涨,促使政府决定大幅提高托市价格水平,特别是2008年国家根据市场粮价变化的实际情况,连续两次提高最低收购价以引导市场粮价回升;其三是2004~2007年,国家制定的最低收购价格多数情况下低于市场粮价,政策的启动情况不理想,没有达到政策设计的初衷。2009年、2010年国家均加大了托市价格的提高力度,其中2009年提价幅度最大,各品种的最低收购价格水平均提高了15%左右。从执行地区来看,稻谷托市政策的执行范围在2008年以后有了明显扩大,早籼稻的执行范围增加了广西,中晚籼稻增加了江苏、河南和广西，粳稻增加了辽宁。从托市收购的数量来看，2005年在南方籼稻产区共收购托市稻谷245亿斤；2006年收购托市稻谷165亿斤；2007年收购托市粳稻47亿斤；2009年收购托市稻谷223亿斤。2004~2007年最低收购价保持稳定；2008年开始，国际粮价上涨，加上国内种植成本快速上升，种粮收益明显减少，为了保护农民种粮收益，2008~2014年国家先后7次提高了稻谷最低收购价格，累计增幅达97%，最低收购价政策由托市功能演变成了保护种粮收益。2015年国家继续在稻谷主产区实行最低收购价政策。综合考虑生产成本、市场供求、比较效益、国际市场价格和产业发展等各方面因素，经国务院批准，2015年生产的早籼稻（三等，下同）、中晚籼稻和粳稻最低收购价格分别为每50公斤135元、138元和155元，保持2014年水平不变。粮食产业受"三量齐增""4个倒挂"等因素影响，国家公布2016年早稻最低收购价格降为133元/50公斤，比2015年下降了2元/50公斤，中晚稻最低收购价格与2015年持平。

表4-1 粮食最低收购价预案执行情况   单位：元/斤

年份 品种	2008	2009	2010	2011	2012	2013	2014	2015	2016
早籼稻	0.77	0.9	0.93	1.02	1.2	1.32	1.35	1.35	1.33
中晚籼稻	0.79	0.92	0.97	1.07	1.25	1.35	1.38	1.38	1.38
粳稻	0.82	0.95	1.05	1.28	1.4	1.5	1.55	1.55	1.55

为保护农民利益，防止"谷贱伤农"，2017年稻谷的最低收购价政策依旧存在，但一号文件提出要完善稻谷最低收购价政策，合理调整最低收购价。在2016年稻谷最低收购价中早籼稻已经做出试水改革的第一步，下调2元/百斤至133元/百斤。总的来说，国家通过施行最低收购价政策，有力拉动了小麦价格回升，在必要时对稻谷价格进行了托底，整体上稳住了市场粮价，保障了农民种粮收益。但是，由于最低收购价政策将国内市场扭曲，这一政策带来了越来越多的矛盾和问题。一是长期以来，最低收购价只能维持或提高，扭曲了粮食的真实市场价格；二是国有粮食收储企业"旱涝保收"，进一步改革的动力减弱；三是国内

外价差导致进口压力明显增加,在仓容压力不断增加下,导致局部地区出现"卖粮难"问题;四是国家财政负担过重,粮食加工企业经营困难,产业发展受阻。

4.2.2 最低收购价政策的执行效果

近年来,国家为了保护农民利益,出台了一系列强农惠农措施,不断加大对粮食生产的政策补贴力度,粮食总产连年增长,亿万农民从中受惠。但与此同时,在农村劳动力大量外流、农资价格猛涨的背景下,现行的粮食补贴政策在操作中形成的弊端逐年沉淀,补贴激励效应逐年递减,尤其是通过流通渠道间接补贴粮农的最低收购价政策,弱化了市场机制,执行成本高、补贴效率低,农民没有得到多少实惠。因此,进一步增加资金投入规模,完善粮食最低收购价政策和补贴方式,建立起粮食稳定增产、农民持续增收的长效机制,是解决"三农"问题和进一步推进粮食流通市场化需要研究的新课题。从调研情况来看,粮食最低收购价政策稳定了种粮农民的收入预期,有效调动了农民种粮、地方抓粮的积极性,较好地达到了稳定市场粮价、促进农民增收的预期效果。

(1)发挥了粮食价格的托底作用,稳定了粮食市场价格。

由于实行粮食最低收购价政策,粮食价格并没有因为粮食增产而下跌,全国早籼稻、中晚稻的收购价格均维持在最低收购价及其以上水平,真正起到了托市的作用。每年最低收购价政策启动以前,市场粮食价格较低,粮食买卖双方观望等待的气氛比较浓厚,市场交易相对清淡。政策启动后,农民大多选择将粮食按最低收购价卖给国有粮库,使得市场上的粮食流通量减少,从而达到了拉动粮价回升的预期目标。有了国家最低收购价做支点,市场粮价始终维持在托市价格附近小幅波动,避免了大起大落。在稻谷收购期间,早籼稻、中晚籼稻的托市价格水平有了大幅提升,从湖北、湖南等籼稻主产区的地方政府和农户反映情况来看,如果没有政府托市收购,市场籼稻价格将很难稳定在最低收购价格水平,政策确实发挥了市场托底和稳定粮价的作用。

(2)增加了农民种粮收入,有力促进了粮食生产。

粮食最低收购价政策作为一种价格信号,稳定了农民种粮预期收入,保护了粮食主产区农民的种粮积极性,促进了粮食稳定增长。2004年以来,我国连续多年粮食增产，粮食最低收购价政策发挥了不可低估的作用。最低收购价政策发挥作用的一个关键原因是稳定了农民种粮增收的心理预期，调动了他们发展粮食生产的积极性。在粮食购销市场全面放开以后，农民进行粮食生产的主要目的由过去的自给自足变成了市场出售和竞争，在粮食购销市场上每一个粮农都是独立进行商品生产的"微型资本家"，他们会根据市场粮价变化不断调整粮食供给量。国家通过政策托市向粮农传递了一个明确的种粮收入保底值，给农民发展粮食生产吃了"定心丸"。

（3）国家掌握了大量优质粮源，巩固了调控的物质基础。

最低收购价政策主要由中国储备粮管理总公司具体执行，收购的粮食由中央管理，基本上等同于中央临时储备粮，国家掌握了大量粮源，增强了中央政府在粮食市场供求方面的宏观调控能力，粮食安全问题得到了可靠保障。从卖方的角度看，近年来，国内粮食生产连年丰收，每到收购季节时粮食价格的下行压力很大，主产区农民对国家托市收购的期望很高；从买方的角度看，农业发展银行对托市收购积极给予贷款支持，加上中央财政足额到位托市粮的储存保管费用，国有粮食购销企业按照托市价入市收购的积极性很高，买卖双方的交易热情决定了托市粮大量被国有粮食企业收购。国家托市以后，政策对收购粮食的质量提出了明确要求，并适当拉大不同质量级别粮食之间的价格差距，调动了农民种、售优质粮的积极性。从这些年的收购情况看，粮食的品质有了显著提高，国家掌握了充足的优质粮源，为实施粮食宏观调控奠定了坚实的物质基础，保证了国内市场供应和价格的基本稳定。

4.3 当前稻谷收储制度的不良影响

尽管我国稻谷的最低收购价对我国粮食供给的保障起到了明显的积极作用，但是同时也带来了一定的不良影响。

（1）优质稻进市场、普通稻进国库，优质不能优价。

2013年粳稻最低收购价1.50元/斤，从2014年起连续3年，粳稻最低收购价都是1.55元/斤，2017年粳稻最低收购价又调整回1.50元/斤。早籼稻最低收购价格从2004年的每斤0.70元上调到2016年的每斤1.33元，增幅达90%；中晚籼稻最低收购价格从每斤0.72元上调到每斤1.38元，增幅达91.7%。稻谷最低收购价的持续走高带来了两个影响。其一，导致优质水稻进入了粮食市场，而普通稻被国家收购。据统计，黑龙江近3个收购期最低价收购量占比都在60%以上。例如，2016～2017年收购期，黑龙江收购503.5亿斤，其中商品粮148亿斤、最低收购价粮335.5亿斤。其二，导致市场上的优质稻米和普通稻米的价格差异较小，呈现出优质不能优价的现象。

（2）稻谷库存压力大，市场饱和致使去库存难度大。

稻谷最低收购价政策的持续执行导致库存问题凸显。其一，稻谷库存容量紧张，库存爆满。湖南稻谷有效仓容为1450万吨，目前，库存占用仓容1400万吨，条件较好的仓容几乎用尽。由于政策性收购持续实施，尽管2017年的收购价格下调，但种植比较效益仍有优势，对农民种植意愿影响不大，水稻库存仍将累增。其二，稻谷市场饱和导致去库存难度大。库存时间延长会导致品质下降，同时，水稻品种由于产业链太短，消化去向较窄。此外，由于整个粮食市场呈现出粮价持续下降、交易严重不活跃、库存高位运行的总态势，尽管多措并举，综合施策，但稻谷去库存效果不佳。2016年，湖南按国家最低价收购稻谷竞价销售，早籼稻基本流拍，"顺价销售"几乎难以做到。湖南2015年的最低收购价粮食目前全部压在仓库，随着时间的推移，品质变化，越往后消化难度越大。

（3）仓容不均衡、粮食收储及管理存在较大风险。

在执行水稻最低收购价政策时，有的地区仓容总量可以满足需要，有的地区出现收储仓容紧张的情况。玉米取消临储收购政策，收储库点收购水稻的动能增加，抢粮收购、抬价收购、贴钱收购现象可能发生。同时，陈水稻拍卖价格与新水稻托市收购价格差距较大，转圈粮、掺混销售风险较大，控制难度加大。超大管理规模带来的储粮和生产安全风险加大。黑龙江中储粮分公司管理的中央事权粮食库存保持在1.5亿吨以上，其中93%以上的粮食委托和租仓储存直属库外，其消防安全设施差、储粮条件差，加之部分民营企业诚信低，生产安全风险、储粮安全风险和经济风险巨大。

(4) 重金属超标稻谷量大，处置超标稻谷地方财政负担重。

在南方部分地区，由于水质和土质的污染，导致稻谷的重金属超标等问题明显。重金属超标的稻谷应由中储粮转给地方政府处理，但是企业不参与收购且地方政府没有收购和处置的能力，又将收购责任推给中储粮。但是，中储粮直属库点没有能力配重金属检测仪，所以以最低收购价收购的稻谷中含有超标稻谷。其一，收购重金属超标的稻谷量较大，消化任务艰巨。湖南小部分地区耕地受重金属超标问题困扰，稻谷生产和稻谷产业都受到严重冲击和影响，给广大种稻农民和稻谷经营企业带来了巨大损失。其二，处置重金属超标的地方财政负担重。国发〔2015〕56号文件关于《生态环境监测网络建设方案》虽暂缓执行，但财政部2016年已明确重金属处置费用中央补贴实行"退坡政策"，即从2017年起收购的重金属超标粮食处置将由地方政府负责，中央不再给予补贴。对超标粮食，地方财政每年需承担收购费用、保管费用、后期处置费用、增加收购现场快检设备投入、仓容需求加大的投入等费用，地方财政负担加重。

4.4 完善稻谷收储制度改革的建议

稻谷收储制度改革应以市场化为基础，以保障国家粮食安全和农业可持续发展为目标，以提升稻谷竞争力为核心，完善粮食价格形成机制，充分发挥市场机制在资源配置中的决定性作用，建立完善的价补分离体系，逐步形成稻谷生产布局合理，市场竞争力强，资源环境可持续利用的新局面。

（1）最低收购价政策逐步过度至"价补分离，市场定价"，实现粮食价格回归市场。

一是参照玉米价补政策，对稻谷实施"价补分离，市场定价"政策。综合考虑我国稻谷生产成本、种粮比较收益、收购主体承载能力、市场供求、国际市场粮价及不同作物之间效益比价等因素，按照"生产成本＋合理收益"的原则，科学合理设定目标价格，实施"市场定价，价补分离"模式。二是中央财政加大对水稻生产功能区（主产区）的水稻生产者补贴力度。三是对稻谷主销区实行运费补贴。最低收购价预案且收购量较大的省份调入主销区储备补库余缺,中央财政分配专项资金对交通运输调入方给予一定的专项补贴。

(2) 大力推进稻谷品种优质化,以订单农业模式实现收购"优质优价"。

推行"优质优价",要以精细农业为引领,充分发挥流通传导作用,大力优化品种种植结构、提高产品质量。推进市场认可的优质品种种植,依靠农业部门的推广,制定差异指导价格、体现优质优价的方式进行引导,制定优质稻谷的市场指导收购价。在农业部划分的水稻生产功能区里,实行稻谷产业链的订单农业生产模式。一是与良种企业签订订单合同。为充分调动农民生产水稻良种的积极性,稳定水稻生产种源,扩大良种覆盖面,应对持有效水稻种子生产许可证的种子企业签订订单合同,并按订单交售水稻良种的农户、家庭农场、合作社及合作社联合社社员等种子生产者,中储粮统一收购优质水稻。收购优质水稻不仅有利于仓储的轮换,还有利于市场的拍卖销售。二是积极支持鼓励有条件的粮油企业介入生产前端,以建生产基地和发展订单农业等形式与农民建立利益联结机制,实现利益共享,增强优质粮油掌控话语权,不断优化原料品种和品质。三是向消费终端发轫,注重研究市场需求,创新营销模式,拓展销售半径,培植忠诚客户,不断提升产品的影响力和盈利能力。

(3) 完善稻谷储备政策,充分发挥储备轮换吞吐调节功能。

一是建立国家粮食储备管理新体系,进一步放开对粮食购销过程的控制。准确把握国家粮食储备粮的数量、吞吐和运作方式,公开粮食市场信息,有效地引导粮食的生产、储存与销售。二是优化地方储备粮品种结构和布局,适当增加成品粮油储备;推进地方储备轮换销售全部进场公开竞价交易;适时开展动态储备试点工作,鼓励符合条件的多元市场主体承储地方储备粮,盘活储备资源,激活发展潜力。三是提升仓储物流新层次,稳步构建粮食收储新机制。提升仓储设施管理信息化水平、科学储粮能力和储粮设备设施升级换代,打造流转顺畅、管理规范、储存安全的现代化粮食收储体系,由过去的"储得下"向"储得好"换代升级。四是激励多元主体参与粮食收储。在当前国家收储政策深度调整、去库存全面实施的大背景下,在继续发挥国家粮食收储企业主渠道作用的同时,也要充分调动和激励多元市场主体参与粮食收储的积极性,以减轻国家政策性收储的仓储、财政压力。

(4) 重点支持重金属超标综合治理工作，推广稻谷的绿色生产。

一是国家及有关部门从政策、资金、技术方面对重金超标治理工作给予倾斜和支持。各级政府积极配合并加大对重金属超标综合治理的工作力度。二是对重金属超标问题实行综合治理。综合运用土壤改良、休耕、农业产业结构调整等措施，从根本上解决重金属超标问题。完善农业资源环境领域的法律法规体系建设，用制度保障生态友好型农业发展，加强农业绿色发展的规划引导和政策支持。三是加大耕地支持保护补贴力度，构建绿色生态导向的农业补贴体系，新增补贴向生态友好型农业发展和农业生态环境保护倾斜。

第5章 中国稻谷补贴政策的演变和现状

从理论上看，粮食直接补贴政策是因为农户受到生产资金约束后，通过风险偏好理论和激励理论，影响到稻谷生产率的提高。要将粮食直接补贴政策对稻谷生产率影响分析透彻，还需要将粮食直接补贴的改革历程、演变历程及其存在的问题和取得的成绩都做进一步的分析。因此，本章将通过对粮食补贴的政策梳理，分析其取得的相关成绩，并分析其当前存在的相关问题和挑战。

5.1 中国粮食补贴政策的演变

5.1.1 粮食间接补贴阶段

改革开放后，中国正式进入"工业反哺农业、城市辅助农村"阶段，粮食补贴制度也在不断的改革和调整。

1978年以来，粮食流通体制和农业补贴制度进行了改革和调整。1985年，国家取消了统购制度，粮食价格建立了"双轨制"，对农民采用"三挂钩"补贴措施。此外，国家还先后制定了粮食合同订购、整合合同订购量、逐步提高合同订购价格等措施，不仅提高了农民的种粮积极性，还保障当时的粮食安全作出了重要贡献。据统计，1989年的稻谷、水稻、玉米的合同定购价格相比1985年分别提升了14.2%、43.3%、21.8%（程漱兰，1998）。

1990年，国家粮食订购制度取代粮食合同订购，并建立粮食储备制度，进一步改进"三挂钩"补贴制度,此外,粮食补贴主要对粮食企业的经营费用和购销差价进行补贴。国家通过财政支农等政策工具,增加了对农业生产、农业基础设施建设等资金投入,使农业基础设施建设和农业生产得到了保障。据统计,1985~1990年,中国的农业基础建设支出由37.7亿元增长到66.7亿元,财政支农支出由101亿元增长到221.8亿元,增长率分别达到了12.82%和19.93%(程国强、朱满德,2012)。1993年,国家取消了粮食统购统销制度,建立了保量放价政策并创建了粮食风险基金。此外,从1993年开始,国家取消了粮票在市场上的流通,粮食补贴主要偏向了粮食企业和粮食流通环节。1995年,建立了粮食地区供求平衡和"粮食的省长负责制",确保国家区域间的粮食供求平衡和粮食安全。1997年,由于粮食供给过多导致市场上的粮食价格持续走低,使得粮食企业亏损严重,对此,国家实行了按保护价收购农民余粮的问题。1998年,国务院颁发了《粮食收购条例》,粮食补贴主要为国家储备粮补贴和粮食风险基金。

2000年,国务院调整了粮食保护价收购的范围,并缩小了粮食补贴范围,规定长江以南省市区的玉米退出保护价收购范围。2001年,国家提出了"放开主销区、保护主产区"的粮食流通制度。此外,财政支农进一步扩大,据统计,1998~2004年,农业部门累计使用国债等项目的资金近达2596亿元。虽然国家对"三农"问题比较重视,但是农民的负担仍然较重。以农业税为例,1991~2003年,中国农业税由90.7亿元增长到871.8亿元,年份增长率达到了20.8%。

5.1.2 粮食直接补贴阶段

进入21世纪以后,中国农业的发展进入了新阶段。尤其是在粮食补贴的改革方面,做出了一系列的改革和调整。

2002年,国家为了提高粮食补贴效率,在安徽和吉林进行了粮食补贴方式的改革试点,并减少了河南和湖北的粮食流通环节的补贴,对河南等省份采取生产环节的直接补贴。不同省份的补贴方式和标准各不相同。以河南为例,河南采用的是粮食交售数量挂钩的价差补贴方式,并以价内补贴形式进行补贴。2004

第5章 中国稻谷补贴政策的演变和现状

年,国家全面放开粮食市场,允许自由收购,同时全面推行粮食直接补贴,粮食直接补贴与粮食生产挂钩。粮食直接补贴的全面铺开,表明了农业补贴政策正式步入了"明补"阶段,由间接补贴正式转入直接补贴阶段。同年,国家开始取消农业税试点,同时,采用粮食直接补贴将粮食风险基金中的100亿元用来补贴13个粮食主产区的粮食生产者。2006年,中国将农业税正式全面取消,并全面实行对农民的粮食直接补贴,与此同时还设置了良种补贴、农机具购置补贴、农资补贴等。2006年中央一号文件也明确指出,提高粮食直接补贴规模,将其资金规模提高到粮食风险基金的50%(何忠伟、蒋和平,2003)。2006~2014年,国家连续出台了中央一号文件,并相继提出增加农民收入的若干意见。此外,农业补贴规模逐年加大,全国农业补贴额由2004年的145亿元增长到2014年的1535亿元。2015年,国家对农业补贴进行了新一轮的改革,财政部和农业部对农业补贴进行了新一轮的改革和试点,如进行"种粮大户补贴"试点、调整20%的农资补贴额用以支持适度规模经营,加大粮食直接补贴力度。将农业四补贴合并成良种补贴、粮食直接补贴和农资综合补贴(称为"三项补贴")。2016年,国家财政部和农业部颁发了《关于全面推开农业"三项补贴"改革工作的通知》,将农业"三项补贴"调整合并后称为"农业支持保护补贴",其政策目标是保护耕地的地力和粮食适度规模经营。

2004年以来粮食补贴的改革为提高农民生产粮食的积极性、稳步促进粮食产量、保障我国的粮食安全、提高农户收入水平等作出了重要的贡献。

5.2 中国粮食补贴政策存在的问题

5.2.1 补贴资金较为分散,农户获得的补贴额较少

第一,粮食直接补贴政策为脱钩类补贴,由于普惠性质,导致额度较小。我国粮食直接补贴在实际操作中主要是依据二轮承包面积进行补贴,因此,农户的

粮食直接补贴额并没有按照农户的实际播种面积，即在二轮承包面积登记过的农户都享有粮食直接补贴。粮食直接补贴政策正式成为脱钩类补贴，不与农户当期的种植面积、产量等有关。这导致了粮食直接补贴不能集中给种粮农户。

第二，河南为中国的农业大省，人口数量已居全国之首。由于人口基数大，粮食直接补贴额总量被均分，导致人均获得的粮食直接补贴额较少。当前，中国财政给予的农业补贴已占农民总收入的3%左右，虽然仅占农户人均收入的很微小的比例，但是对进一步提高农民收入还是具有积极意义的。按照WTO的补贴准则，粮食直接补贴额还可以进一步的提高。

第三，除了粮食直接补贴外，当前粮食补贴还包括了农资补贴和良种补贴等。由于补贴种类较多，财政补贴总额被分散。此外，农资补贴和良种补贴等属于"黄箱"补贴政策，造成了农产品价格扭曲，也受到WTO的补贴准则限制。由于补贴种类多，导致粮食直接补贴额分散。

5.2.2 粮食生产资料价格上涨，补贴额不足以起到激励作用

第一，粮食生产资料价格上涨。据《全国农产品成本收益资料汇编》统计，2004~2009年中国稻谷、稻谷等粮食生产的农资成本占总成本的52%~60%。近年来，我国的化肥、农药、农膜、柴油和粮食种子等生产资料价格上涨幅度较大，粮食直接补贴额也在逐年加大，虽然粮食直接补贴额基本能抵消由于价格上涨导致的成本增加，但是打消了农民种粮的积极性。也就是说，种粮农户的粮食直接补贴额都用于了价格上涨的生产资料，而不种粮农户的粮食直接补贴额转化成了农民的收入。这对提高农民种粮积极性不利。

第二，粮食生产资料的供求问题。种植规模越大，所需要的粮食生产资料就越大，则需求越多，使得农资价格提高。中国的粮食生产资料不仅有国内生产，而且还有进口的生产资料。又由于中国是农业大国，对生产资料的需求较大、市场较大。据统计，农资市场的年销售额达到4000亿元。但是国家给予的粮食补贴额较少，粮食直接补贴相对更少。补贴额无法促进农民种粮积极性，导致粮食直接补贴政策改善农业生产条件和提高种粮积极性的效果不明显。

5.2.3　粮食直接补贴政策调整频繁，补贴操作难度较大

第一，粮食直接补贴政策属于农业补贴中的一项补贴政策，调整和改革的次数较多。根据前文的政策演变和改革过程可知，粮食直接补贴政策的调整幅度较大，由过去的间接补贴改革成当前的粮食直接补贴。由于政策的变化较快，农民对粮食直接补贴政策的依赖度较小。农民不会因为该年度有粮食直接补贴，下一年度就因为补贴而种植粮食。

第二，按照国家公布的粮食直接补贴的工作程序可知，首先需要对补贴面积进行调查，对补贴面积进行公示，将无异议的补贴面积核算汇总，其次将所有补贴面积录入补贴系统，再次将补贴面积上报财政部和农业部，最后按照上报面积进行补贴金额的发放。由此可知，补贴工作烦琐，导致了补贴的运行成本较高。此外，在现行的财政支农的管理体系中，没有专门负责的支农资金核发机构，主要是依靠不同的农业部门或单位对不同的补贴进行发放，导致涉及的机构较多，协调各机构或部门的难度加大。

5.2.4　粮食直接补贴的政策目标有所偏移，导致激励种粮的效果减弱

第一，粮食直接补贴政策的原始初衷是提高农民的种粮积极性，给予种粮农户的补贴。目前，由于补贴工作的难度较大，我国采用的二次承包面积进行补贴，使得所有农户都能获得粮食直接补贴额，无法对种粮农民起到积极作用。此外，粮食直接补贴政策无法改变农户的抛荒行为，加上农业补贴的种类多，导致了农业补贴资金的聚集效应和激励作用减弱。最终使得粮食直接补贴政策的目标偏移，转向了增加农民的收入水平。

第二，补贴缺乏监管部门和法制规范。首先，当前的补贴方法没有正式的监管部门，虚报粮食计税面积、挪用粮食直接补贴资金、冒领补贴资金等行为也时常发生，这不仅损害了农民的既得利益，还不利于社会的稳定。其次，我国没有正式建立相关的法律法规制度来管理补贴体系，更没有正式的法律去规范落实情况。在粮食直接补贴政策的实施中又涉及多个部门的协调，由于没有法规制度的

约束，工作人员不负责任等问题难以解决，此外，也没有法规来约束谎报和冒领补贴等行为。

5.3 关于粮食补贴政策的思考

本章梳理了自改革开放以来，粮食补贴的改革和调整过程，由21世纪以前的粮食间接补贴到现有的粮食直接补贴的改革和转变。另外，直补政策实施后，我国在粮食产量呈现了"十二连增"，还扩大了粮食播种面积，此外，粮食直接补贴政策提高农民的收入也表现较为明显，对促进粮食科技水平也起到了重要作用。但是，我国现存的粮食直接补贴政策也存在一些问题，主要表现在：第一，粮食直接补贴额度较小且分散，农户获得的补贴额较少；第二，粮食生产资料价格上涨较快，粮食直接补贴额无法抵消上涨的价格因素；第三，粮食直接补贴政策的落实情况较弱，主要由于工作程序太复杂；第四，粮食直接补贴政策的目标偏移，对提高农民积极性的作用不明显。

究其原因，本研究认为：第一，在设计粮食直接补贴时，政策设计者没有考虑农户的生产行为和行政部门的协调性，导致加大了补贴工作过程中的困难。第二，对城乡二元经济结构的宏观把握不够，没有清楚认识农户的生产行为及其生产动机。第三，农村治理方式的不完善，村级组织无法将中央或省级层面的政策设计把握好，导致补贴工作过程中存在偏差。第四，当前中国的土地细碎化问题较严重，农民抛荒的行为常发生，而补贴额度较小不足以吸引农民回到田地生产。

第6章 建立稻谷"价补分离"的域外经验及借鉴

为了解决粮食的有效供给问题,世界各国根据自身国情分别采取了不同的粮食政策。对于国外粮食政策,尤其是西方发达国家相对较为成熟的粮食储备、补贴等制度的梳理与分析,能够为我国进一步完善现有稻谷价补分离、脱钩补贴提供有益的经验与借鉴。为此,本章通过对已有资料的整理,将重点对美国、日本、欧盟等粮食政策措施进行归纳分析。

6.1 美国的经验及借鉴

6.1.1 美国粮食储备制度

美国凭借其得天独厚的资源禀赋以及高度发达的现代化水平成为世界农业强国。作为粮食生产大国,其粮食年均产量高达3.8亿吨,自给率超过140%,同时,粮食的总出口量占据了世界总出口市场份额的一半以上,位居世界第一。由于美国粮食贸易与储备的重要地位,美国政府一直高度重视粮食储备问题并构建完备的储粮体系。

美国充分利用市场这个工具,加之完善的法律体系,构建了以市场调控为主、国家调控为辅,由联邦储备、生产者自主储备以及私营企业自由储备三部分构成的粮食储备管理制度。

联邦储备又称政府储备,政府并不直接参与经营管理,而是由其控股的农产品信贷公司(Commodity Credit Corporation,CCC)完成粮食储备工作。CCC 将粮食委托给承储企业,由承储企业负责粮食储备的日常经营和管理。政府通过占总储备 8%的储备粮调节市场供需,粮价涨则抛售,粮价跌则收购,从而使粮价达到一种稳定的状态。生产者自主储备是美国粮食储备制度中最主要的一种,其储备的粮食达到了总储备量的 50%以上。美国于 1977 年开始鼓励农民进行粮食的自主储备,参与储粮计划的农民必须与 CCC 签订相应的合同,并要严格遵循政府制度的储备计划。相应的,政府会向农民支付部分储藏费用及无追索权贷款。农民可以根据市场价和贷款价进行自主选择。当市场价格低于贷款价格时,农民可以选择继续储备粮食,以保障自身收益。同时,农民还能获得相应的补贴以及低息贷款。即使是农民选择出售粮食,政府也会以贷款价格收购该部分粮食,这部分粮食的储备则由即由生产者自主储备转变为政府储备。当市场价格高于贷款价格时,农民则有权将粮食以市场价出售并归还贷款本息,若农民选择继续储备粮食,则可继续享受低息贷款,但政府不再向其支付储备费用。这一制度一方面能够在保障粮食的基本储备的同时减少国家库存的压力,另一方面维护了农民的基本利益,保证其生产的积极性。

食品加工企业和专业粮食储存公司等非政府单位的储备粮作为私营企业自由储备占据了美国粮食总储备的 42%以上(杨羽宇,2014)。其进行粮食储备主要以盈利为目的,为了满足自身的生产需求,这部分的粮食储备大多为原粮,品质高、周转快,在市场遭遇波动时,也能及时的起到调节市场的作用。

6.1.2 美国粮食价格调控制度

美国从 20 世纪 30 年代开始利用价格支持的手段对粮价进行调控(徐元明,2008)。1933 年,美国通过《农业调整法案》,制定了关于农产品计划补贴、贷款补贴、保险补贴等一系列政策,以此来解决市场中农产品过剩,农民收入过低等问题。其主要政策工具是由 CCC 实施的无追索权贷款。具体做法为:政府通过参考 1909~1914 年的平价,规定了农产品的最低收购价作为贷款率,即每一单位农产品可获得的贷款金额。按照规定,一笔贷款的期限为 9~10 个月,当农产品收获时的市场价格高于贷款率,农民能够自主选择销售农产品;若市场价格低于贷款率,农民能够以市场价格将农产品抵押给政府。若在贷款期限内市场价格恢复到贷款率之上,农民能够通过向政府归还贷款本息来赎回农产品,再以市场价出售,若在贷款期限内,市场价格持续走低,农户可以在贷款到期时选择保留贷款所得并将农产品的所有权交给CCC,政府只能接受农民抵押的农产品而不能向农民追偿贷款(孔维升,2016)。这就相当于政府以低于市场价格的贷款率,也就是最低保护价收购农户抵押的农产品,最终这部分粮食形成政府库存。这一做法在一定程度上刺激了农产品的生产,保证了农民的收入,但同时也给国家财政带来巨大压力,使国库粮食过剩。

6.1.3 美国粮食补贴制度

自20世纪70年代开始,目标价格政策成为了美国粮食补贴最主要的政策工具,这一政策也是美国粮食补贴由价格支持向收入支持转型的重要过渡工具。目标价格政策的原型实际上为1938年农业法案中所创立的"评价补贴差额",在1973年的农业法案中正式将其更名为"基予目标价格的差额补贴",并提出根据农产品的生产成本确定农产品最高保护价,也就是所谓的目标价格。

当市场价格低于目标价格时,政府提出根据农产品的生产成本确定目标价格作为农产品的最高保护价,当市场价格低于目标价格时,则启动目标价格政策,将市场价格与目标价格的差额支付给农民,从而保证农民收入的稳定(罗远业,2008)。但是这项政策只针对与政府签订休耕计划和粮食销售合同的部分农民,农民必须按照合同的规定进行相应粮食品种的种植并执行政府的休耕计划,才能获得相应的差额补贴。目标价格政策是美国粮食政策由价格支持向收入支持转变的重要过渡工具。

1984年,美国为鼓励农民减少耕地种植面积以此来提高农产品价格制定了直接补贴计划。计划规定,对于休耕面积达到20%以上的农民,政府将给予相应的补贴,补贴与休耕面积成正比,相当于该面积正常年产量的80%。不难发现,在这一阶段,美国的粮食补贴均按照一定的标准和条件直接补贴给农民,但同时与当期农产品的价格、产量、种植面积挂钩(朱满德,2014)。1985年,政府开始通过削减财政预算以增强农产品的国际竞争力、缓解财政压力。《美国食品安全法》颁布后,政府开始降低农产品价格支持的标准,减少政府补贴的面积,并倡导农民根据市场需求调整种植结构,这也是美国农业政策向市场化转变的关键一步(张宗良,2009)。

1996 年,美国修订《联邦农业完善和改革法案》,开始推动粮食支持政策与农产品市场价格脱钩,逐渐降低对农业生产者的补贴水平,由市场来调节农民的收入,同时取消目标价格支持与差额补贴,取而代之的是以历史水平为基础而计算的固定补贴。具体做法如下:

第一,取消目标价格与差额补贴。为降低市场风险与交易成本,政府一方面推行农产品收入保险计划等手段,另一方面引导农民加入合作社并参与期货交易。政府以引导农民参与期货交易、农业合作组织的方式,以及推行农作物收入保险计划等手段,来降低农民的市场风险及交易成本。

第二,设定生产灵活性合同补贴。美国政府从 2002 年开始全面实行粮食政策的市场化,将生产灵活性合同补贴作为过渡阶段的主要补贴工具,该政策的实施也标志了美国从价格补贴向收入补贴的转变。1996~2002 年的 7 年间,采取了生产灵活性合同补贴这一政策。具体做法为:1996~2002 年这 7 年间,政府直接给予农民固定补贴,因此也称为直接支付。补贴与当年的种植和价格无关,而是根据 1991~1995 年农作物平均面积的 85% 以及 1995 年的产量作为固定的补贴面积与补贴产量(侯明利,2010)。只要农民自愿执行环境保护计划及沼泽地保护条款等法规,就能够得到相应的补贴。在这 7 年间,美国对农民进行的固定补贴总额为 356.26 亿美元,年均补贴 50.89 亿美元相较于价格支持补贴金额下降了 50% 以上。在这种补贴政策下,补贴金额不再与种植和价格相挂钩,农民的生产也不再受到限制,能够充分的享有自主决策权。

第三,取消储备补贴并降低无追索权贷款的贷款率。1977 年以来,美国政府鼓励农民自主储备粮食,并给予农民相应的储存补贴以及无追索权贷款,农民自主储备以其 50% 以上的储备份额成为了美国粮食储备体系中最重要的一种储备方式。虽然存粮于民的储备方式在一定程度上缓解了政府库存的压力,但是却给国家财政带来了较大的负担。因此 1996 年以后,美国政府开始取消对农民的储备补贴,并降低无追索权贷款的贷款率即农产品最低保护价的标准,仅保留用于国际人道主义的400万吨的粮食储备（曹芳，2005）。

第四，继续实施土地休耕保护计划。这项计划主要针对那些易发生水土流失以及对生态系统具有敏感反应的耕地，将其转化为林地或者草地。按照规定，农民需自主提出申请，并与政府签订长期合同，年限为10~15年，参与该计划的农民土地不仅要对其土地进行休耕还需要采取相应的绿化措施对其进行保护，政府会根据土地面积对进行农民进行50~50000美元的补贴。在这一阶段，美国开始逐步实现农业补贴的市场化，但是市场化并不能一蹴而就，而需循序渐进。从上述粮食补贴政策来看，部分粮食补贴政策开始与产量和价格脱钩，如取消目标价格支持及储备补贴并开始实施生产灵活性合同补贴政策；部分粮食补贴政策仍被沿用，如无追索权贷款，但政府已经开始降低无追索权贷款的贷款率。这一系列政策措施有效地减少了政府对于市场价格的干预、降低了价格支持的水平并逐渐转变为对粮食进行收入支持。通过这一系列的政策措施让粮食补贴由价格支持过渡到收入支持。然而，由于政府干预的逐渐减弱，导致农产品价格因市场的影响而出现较大波动。

1998年后，美国农产品价格大幅下跌，农民收入也无法得到保障。在此情形下，美国开始将农业政策的重心放在构建有效的农场安全网上，同时增强对粮食的补贴力度。2000年，美国制定了《农业风险保护法》，通过提高农业保险的补贴率和覆盖率的方式来降低农民的农业经营风险，保障农民的收益。紧接着，在2002年的《农场安全与农业投资法案》中，美国为构建有效的农场安全网修订了一系列新的制度，这些新制度主要包括营销援助贷款与差额支付贷款、脱钩的直接支付、反周期支付等、脱钩的直接支付。同时，在政策的制定过程中，美国也更加注重风险防范以及灾害援助。具体措施如下：

一是取消生产灵活性合同补贴，以直接支付取而代之。直接支付量为支付率、支付面积以及支付产量的乘积。其中支付面积由1991~1995年的平均种植面积调增到1998~2001年的平均值种植面积，支付率在原来的基础上适当的调低，同时扩大了补贴的范围，将大豆、花生等油料作物也纳入了补贴范围。

二是制定反周期补贴政策。补贴由每一单位农产品的反周期补贴，即反周期补贴率由政府事先确定的目标价格和有效价格的差额计算得出。其中有效价格等于市场价格与贷款率的孰高值和直接补贴率之和（阎豫桂，2014）。具体操作为：

当有效价格高于目标价格时,不启动反周期支付;当有效价格低于目标价格时,政府会向农民支付反周期补贴才会启动。反周期补贴的金额根据基期种植面积以及单产与当期反周期补贴率的乘积计算得出,与当前产量无关。

三是设立营销援助贷款以及贷款差额支付。营销援助贷款实际上是无追索权贷款的延伸,其主要的变化是提高了部分粮食的贷款率。

四是作物灾害计划。作物灾害计划于2003年的《农业援助法案》中提出。由于2002年美国气候反常,导致许多农产品减产,价格上涨,此时反周期补贴以及营销援助贷款这一类与市场价格挂钩的粮食补贴政策无法达到补贴效果,因此美国制定了作物灾害计划,来弥补农民的生产损失,向遭受天气灾害以及其他紧急生产情况的生产者提供补贴。2014年,美国出台的《食物、农场及就业法案》,对粮食生产者价格政策方面做出了较大的调整与修订,主要包括两个方面:一方面取消了反周期支付等不挂钩的粮食支持政策,新制定了一系列不挂钩补贴政策,如价格损失保障、农业风险保障(李林蓉,2014)。另一方面,仍然保留了营销援助贷款政策这一价格支持政策,其作为美国粮食等农产品的最低收购价格,对美国粮食收购市场起到了支撑作用。但从2014年的美国粮食补贴政策来看,保险保费补贴、储备补贴、灾害救助补贴等几种脱钩补贴所占比重较大。

6.2 日本的经验与借鉴

6.2.1 日本的粮食储备制度

日本是一个耕地资源匮乏的国家,国土面积为37.7万平方公里,而耕地面积仅占13.79%。由于资源匮乏、人多地少,除大米外,其他主要粮食作物均依赖于进口。因此,日本政府十分重视粮食储备问题。日本的粮食储备由政府储备和民间储备两部分构成(王彦方,2012)。

1995年出台的《新粮食法》将以政府为主导、以政民共建的方式设立专项

第6章 建立稻谷"价补分离"的域外经验及借鉴

储备写入法条明确规定，日本政府必须设立专项储备，由政府和民间共同负责，其中政府起主导作用，同时对储备量的性质、用途、数量及管理均做出了明确的规定（张欣纯，2011）。

政府储备的食品种主要为大米，占粮食总储量的15%，其储备直接受农林水产厅管理，集中储存于政府粮仓。这部分粮食主要为成品粮等方便食品，其目的是应对灾害的发生。同时，政府储备实行滚动式轮换制度，以每年6月为基准，在新米上市之后售出部分陈米，同时在市场上购进相应数量的新米，轮出销售价格和购进价格由市场决定，差价由政府财政进行补贴，从而保证储备粮的品质。其余的85%主要通过公开招标形式由农协或者专业的仓储公司代为储存，也就是民间储备。由农协或者仓储公司自行建造储备仓库，政府会给予相应的补贴，并与民间储备粮主体签订合同，规定相应权利义务与保险赔偿等。

6.2.2 日本的粮食价格调控制度

第二次世界大战之后，日本经济受到重创，粮食供需存在较大缺口。为了保障社会的稳定，粮食安全问题受到了日本政府的高度重视。1946年日本政府颁布了《食品紧急措施法》明确对稻米实行直接管理价格制度。直接管理价格制度即政府直接控制的价格，稻米的购销与进口均受到政府的管制（侯锐，2006）。政府强制收购农民种植的大米，再以低价出售给消费者。具体做法为：第一，农民只负责稻米的生产，然后由政府以市场均价统一收购。个人不能自主经营稻米的销售业务，只有少数几家得到政府经营许可的零售商能够进行大米的批发销售。"米价审议委员会"每年都会向农林水产省提出关于米价的建议，其后再由农林水产省根据其建议确定当年的稻米收购、批发和销售价格农林水产省每年根据"米价审议委员会"的建议，确定稻米的收购价格、批发价格和销售价格。政府向农民支付的收购价格明显高于向消费者出售的销售价格，购销倒挂部分由农林水产省预算补偿，这也是我们所说的"双重米价制"（刘阳，2014）。第二，对小麦、大麦等其他粮食实行最低价格保证制度。政府通过设立粮食收购保护价，对低于保护价的农产品实行政府收购以保障农户利益。政府事先对粮食规定了一个最低保护价，当市场价格低于最低保护价时，则由日本农林水产省下的食品经销处以最低价格收购农民手中的农产品。在"二战"后的经济恢复期,对粮食的补贴政策不仅调动了农民生产的积极性,同时保障了粮食的安全,对于社会的稳定有着重要的意义。

6.2.3 日本的粮食补贴制度

20世纪60年代,日本开始对部分粮食作物实行直接补贴政策。如1961年对大豆实施的"不足支付制度",也就是我们所说的差额补贴。政府会根据大豆的生产成本以及其他粮食作物的生产情况与市场价格确定一个标准价格,当实际的市场价格低于标准价格时,政府对大豆的产地、质量及品种进行测评后会根据农民的销售数量将差额直接支付给农民(杨东群,2005)。但是这项政策只针对那些将大豆销售权委托给农协以及在政府规定时期进行销售的部分农民。不难发现,差价补贴是一种与市场价格挂钩的补贴方式。1999年日本政府制定了新的《食物、农业、农村基本法》,取消了对稻米等粮食作物生产与流通的管制,同时放开稻米的流通自由(朱明德,2004)。新的粮食法开启了价格支持向收入支持的转变,彻底改变了日本粮食补贴政策的导向在新的粮食法中,日本对粮食的补贴政策由价格支持转变为收入支持。具体措施如下:

一是稻作安定经营对策。其目的是防止大米在实行自由流通后会出现价格下跌而使农民收入无法得到保障。具体做法为:以最近三年为时间周期,计算大米价格的移动平均数从而确定基准价格,并将市场价与基准价差额的80%补贴给农民。补贴资金由稻作安定经营基金提供,该基金由政民共建,其中政府和农户各以基准价的6%和2%对其出资政府根据前三年大米市场价格的平均值计算出一个基准价格,若当年的市场价格低于基准价格,则政府将基准价格与市场价格差额的80%直接补贴给农民。补贴资金来源于稻作安定经营基金,由政府和农户分别拿出大米基准价的6%和2%共同建立(肖海峰,2004)。但该补贴只针对那些按照政府规定生产任务进行农业生产的部分农民。

二是灾害补贴。由于自然灾害发生较为频繁,为了弥补农业因自然灾害而遭受的损失,日本政府对农业设立了灾害补贴,补贴对象包括因自然灾害而损坏的农田与设施等。

三是保险补贴。保险计划由政府主导实施。并对生产规模较大的农民具有强制性,若发生自然灾害,根据规定,生产数量超过规定数额的农民必须参与保险计划,缴纳的保费大约为其农业生产收入的 1/10,若由于灾害而造成损失,政府将对稻米等粮食作物支付 50%~80% 的保费补贴(邓国臣,2012)。

四是直接支付制度。该支付主要针对山区、半山区等不利于农业生产地区的农民,补贴金额不超过由于不利影响因素造成的损失。只有农田符合政府制定的面积、坡度等条件以及农户从事农业生产活动避免撂荒的同时还能够从事一些保护自然环境,防治水土流失的活动,才能够得到直接支付补贴(卜蓓,2014)。由于大米价格的持续下跌,在这一情况下,根据过去三年平均价格水平计算基准价格的稻作安定经营政策无法达到补贴效果,日本政府于 2004 年开始采取新的补贴措施,包括稻米收入保证措施和骨干经营稳定措施。稻米收入保障措施由固定补贴和差额补贴两部分构成。其中固定补贴为每千克 50 日元,差额补贴为当年市场价格与基准价格差额的 50%,基准价格为过去三年市场价的平均值。骨干经营稳定措施只针对经营面积达到 4 公顷的农民,其中北海道地区的农民需达到 10 公顷以上的经营面积,以及面积达到 20 公顷的村落营农组织。

政府根据其过去 2~3 年的平均收入制定补贴标准,若当年的收入水平低于这个标准,政府将补贴差额的 90%(王国华,2015)。这一政策的主要目的为促进农业规模化经营,推动小农经济向大农经济的转型发展。在大米补贴政策改革的经验基础上,2007 年日本扩大了补贴范围,开始对农民实施跨品种经营稳定政策(朱满德等,2011)。

一是对原本进行大米种植改为生产小麦、大豆等旱田作物的农民进行的补贴,该补贴金额根据生产成本和销售收入差额计算。

二是对包括大米、小麦在内的 5 种作物实施的缓和收入变动补贴。政府以过去五年的收入为标准制定补贴标准,若当年的收入水平低于这个标准,政府将补贴差额的 90%,补贴资金来源于由政府和农民共同出资建立的粮食补贴专项基金。该政策主要面向具有一定生产经营能力的农业大户,其标准与骨干经营措施的标准类似。不难发现,跨品种经营稳定政策在性质上属于脱钩补贴,其补贴与当年的市场价格与产量无关(王国华,2015)。除此之外,为推动农业的可持续发展,日本政府于 2005 年开始实施水利环境保护支付、收入差额支付、生产支付三种直接支付补贴政策，对于从事绿色农业生产而导致收入下降的农民给予相应的补贴。

2010年日本出台新的《粮食、农业、农村基本规划》开始实施农户收入直接补贴制度。一是对大麦、小麦大豆等粮食作物实施的旱作物收入直接补贴。该部分补贴主要面向经营面积达到0.3公顷销售额达到50万日元的种植大户及农业组织。具体做法为：政府对于该部分的农业生产者给予面积补贴以及产量补贴。其中每0.1公顷补贴2万日元，产量补贴根据不同品种的市场价格及政府规定的生产成本标准的差额与销售量计算得到。二是对参与大米种植计划的农户实施的收入直接补贴和米价变动直接补贴。对于该部分按照政府调整计划进行大米生产调整的农户，政府将给与其每0.1公顷补贴1.5万日元，同时若当年大米的销售价格低于政府制定的基准价格，政府将以其差额为标准对农民进行补贴。在此基础上，基于此，日本于2012年制定了米价变动补偿金政策。这一政策同样是根据前一年大米的平均价制定基准价格，对当年市场价与基准价之间的差额进行补贴以保障农民的收入稳定。从日本粮食补贴政策来看，日本也在向"脱钩化"的稻谷补贴方向改革，但是对粮食的补贴政策主要还是以价格支持以及挂钩型直接补贴为主，仅有部分粮食补贴属于脱钩补贴。

6.3 欧盟及其成员国的经验借鉴

6.3.1 欧盟的粮食生产支持政策

第二次世界大战后，欧洲各国经济普遍衰败，主要农产品进口依赖程度较高农业萧条萎靡，粮食产量低下，水稻、小麦、玉米等主要粮食品种几乎依赖于进口。至1958年欧共体成立，除法国以外的其他各国粮食自给率仅为89%（一般认为90%为粮食供给风险线）。因此，为应对农业危机，解决粮食安全问题，欧共体各成员国于1962年1月签署发表了著名的共同农业政策（Common Agricultural Policy, CAP)。共同农业政策的实施对欧洲经济的复苏起到了十分深远的影响,其通过对粮食储备机制及粮食补贴制度的改革与完善,使得欧共体的粮食自给率显著提高,逐渐由净进口转变为净出口使欧共体于 20 世纪 80 年代开始由农产品净进口向净出口转变。到 21 世纪,欧盟农产品的出口量占据了世界总出口量的 17%,在世界农产品出口市场占据了重要地位。但是,共同农业政策的推进并不是一帆风顺,在其发展过程中遇到了许多与中国相似的问题。由于过分强调以农业支持价格为主的挂钩补贴,共同农业政策的实施导致了农业补贴数额不断上升、挂钩补贴范围不断扩大、农产品市场价格扭曲、粮食产量过剩、质量下滑等一系列问题。本研究先从以欧盟共同农业政策实施的历史背景出发,再以宜居欧盟农业补贴政策的变革为脉络,将欧盟农业补贴政策分为四个主要阶段,最后重点分析了欧盟主要国家脱钩补贴政策的推行。

6.3.1.1 第一阶段(1962~1971 年):以价格支持为基础的挂钩式粮食补贴模式

为应对粮食危机,欧共体建立了以价格机制为核心的农业价格管理体系。农业价格管理体系由目标价格、干预价格、门槛价格构成。目标价格是价格体系的核心,即粮食市场价格的上限。欧共体通过分析当年粮食市场的状况,预计一个农民可以接受的价格作为共同农业市场价格,一旦粮食市场交易价格高于共同农业市场价格,干预机构就抛售相关粮食品种,使粮食市场价格回落(中国当前的目标价格机制与此类似)。干预价格也被称为欧洲共同农业市场的统一价格,是粮食市场价格的下限,90% 以上的农产品都适用于该价格政策。一旦粮食市场交易价格低于共同农业市场价格,干预机构就会直接以干预价格收购粮食(中国的临时收储与之相同)。这也是中国目标价格补贴政策的设计初衷,即干预机构对生产者进行补贴,补贴金额为干预价格与实际销售价格的差额。但与之不同的是,中国在实施该政策时会与农地面积或者产量挂钩。门槛价格是农产品进口的最低价格,即对世界粮食价格低于欧共体市场价格的部分征收差价税,从而保证欧共体的粮食生产。

在价格管理体系的基础上,欧共体建立了相应的粮食储备制度以保障粮食安全。与我国以国家为主导,省、市、县三级垂直储存的粮食储备体系有所不同,欧共体主要通过委托储藏的形式进行粮食储备。在共同农业政策实施的初始阶段，欧共体就非常注重私人储粮，其通过"干预价格"的实施从农民手中获得粮食储备，由欧共体掌握粮权，各成员国享有使用权，并通过招标的方式与农场主、合作社以及私人企业签订粮食储备条约，其中明确规定储存年限及政府补贴数额。另外为防止粮食市场低迷时储粮主体将粮食大量出售给政府，政府会对储备量较大的主体进行评估，若该主体同意次年继续储存，政府会对部分结转的粮食进行补贴。

6.3.1.2 第二阶段（1972~1991年）：粮食补贴的脱钩化探索

在以价格支持体系为基础的挂钩补贴以及曼斯霍尔特计划的支持下，欧共体的粮食生产得到迅速恢复。然而，价格支持手段适用范围的扩大虽然刺激了粮食生产，但同时也扭曲了农产品市场价格。根据欧共体农业总公司的数据，1968年欧共体水稻价格已经超过国际农业市场价格的2倍；农业补贴的支出也给国家财政带来巨大的压力，同时还面临农产品过剩、农业补贴的支出给国家财政造成了较大的负担，欧共体用于市场价格支持政策的资金占据了共同农业政策资金总额的50%以上，随之而来的还有农产品过剩，库存积压，农产品质量下降等一系列问题（值得一提的是，1968年欧共体开始出现的农产品过剩不同于中国"三量齐增"的"虚假过剩"，当时的欧共体是真正的长期过剩）。为解决当前面临的问题，欧共体执委会副主席曼斯霍尔特开始着手进行挂钩补贴政策的改革。1988年2月欧共体宣布实施预算稳定机制，推动以与产量挂钩的粮食补贴政策取代干预价格等一系列与价格挂钩的补贴政策，即农产品补贴政策由挂钩向半挂钩转变。同时，在此基础上降低谷物类、蛋白作物等农产品的干预价格，并且实行强制性休耕政策。曼斯霍尔特希望借此来控制粮食产量的急剧增长和农业财政的巨大支出，但是稳定机制并未起到实质性的作用，所以结局自然早已注定。

6.3.1.3 第三阶段（1992~2002年）：以价格与直接收入相结合的半挂钩式粮食补贴模式

曼斯霍尔特改革宣告失败后，市场支持价格这一举措在共同农业政策中的一直居于主导地位。然而，由于国际农产品市场供过于求，即使大力促进出口，也无法解决粮食严重过剩的问题。因此，欧盟于1992年开始着手农业补贴政策改革,其中最为重要的是麦克萨里上台后实施的麦克萨里改革计划(MacSharry Reforms)。为实现粮食生产与消费、供给与需求的良性平衡,欧盟实施了与产量相挂钩的农民单一直接支付补贴政策。该政策以面积为计算基础对农民的收入损失进行补偿,即采用直接收入补贴来替代生产者价格支持。具体做法为:第一,大幅削减价格支持补贴标准。其中粮食价格支持补贴下降35%,牛肉价格支持补贴下降15%。第二,以直接支付的方式对农民进行补贴并采取强制性的休耕政策。政策规定除粮食年产量低于92吨的农户外,其余农户均需要对15%的土地进行休耕。20世纪90年代中期,改革取得了初步的成效,粮食公共储备由1993年的3000万吨缩减到1996年的300万吨左右。为了缓解粮食过剩,进一步减少补贴开支,欧盟开始在保证粮食安全的基础上采用分期出口的粮食政策。

麦克萨里改革计划在真正意义上对以价格支持政策为主的挂钩补贴产生了冲击,而在此之前的曼斯霍尔特改革从未切断农民收入、市场价格、农业补贴三者之间的关联。这次改革通过建立价格与直接收入相结合的补贴制度,实现了共同农业政策由农产品价格补贴向农民直接收入补贴与价格支持补贴相结合的补贴政策的转变。但是这次改革仅将价格支持与粮食生产分离,仍保留了价格支持与生产面积的相关性,实质上属于半挂钩补贴的改革。

6.3.1.4 第四阶段(2003年至今):以直接收入补贴为主的脱钩式粮食补贴模式

通过一系列的改革,欧盟内部粮食过剩的情况得到了缓解,但是农业市场脱节、粮食的质量下降、环境恶化等问题凸显。为了更好的促进欧洲农业的发展,欧盟于2003年9月颁布了第1782/2003号法规(张朋等,2016)。该法规从根本上颠覆了旧的挂钩补贴价格体制,改变了过去的农业补贴方式。法规认为应该以市场机制为基础,由市场来决定粮食的产量与质量,当市场机制失灵时,政府再考虑农产品的非市场效应以此来保护环境和公众健康、维持粮食市场稳定。该法规创新地推出了以"交叉遵守"(Cross Compliance)为基础的农场单一支付计划(Single Area Payment Scheme,SPS)和农村发展支持计划。这些政策取代了过去以价格支持为基础的挂钩补贴和与单产或面积相关的半挂钩补贴,建立了以农民直接补贴为基础的脱钩补贴方式。

具体而言，单一支付计划是一种普惠性的农业补贴计划，几乎所有农民可以获得该项补贴。具体做法为：减小补贴力度。降低粮食等主要农产品的干预价格（某些农产品的干预价格直接削减为0）并对农民进行直接收入补贴。在补贴金额的确定上，单一支付计划提供了三种不同的方案。一是以历史粮食补贴水平为基数确定该年的补贴金额，二是以面积为支付标准，三是将上述两种方案相结合确定补贴金额。无论采用哪种方案，只要额度一经确定，补贴就与即期市场价格、当年作物种植品种以及耕地面积无关。相应的，农民要获得全额补贴，必须遵守相关规定，即采取相应的措施进行环境保护，若农民没能很好的达到相关的标准，则视情况按比例削减支付给该农民的补贴金额。同时，欧盟还推出了绿色补贴、青年农民计划、再分配补贴、自然条件受限地区补贴、自愿挂钩式补贴、小农户计划等政策。这一政策成为了共同农业政策的第一大支柱。农村发展支持计划是共同农业政策的第二大支柱，充分体现了欧盟对粮食生产质量，环境保护方面的新要求（张莉等，2011）。具体做法为：一是对高质量的粮食生产者进行粮食产品推广与促销支出的补贴。二是对按照欧盟粮食标准进行生产的农民支付临时性补贴。三是对采用先进技术并进行畜牧养殖5年以上农民进行相关补贴。四是为鼓励青年人从事粮食生产而对新加入的青年人进行的技术支持与补贴。这一政策与单一支付计划类似，是一种农民粮食生产补贴额与政府规定的粮食生产标准挂钩的脱钩补贴措施。2009年1月19日，欧盟第73/2009号法规出台，该项政策将挂钩式补贴措施并入脱钩式直接支持，并向农业弱势部门和贫瘠地区发放特殊补贴，将市场调控真正变成了农业保护伞。2015年，欧盟将所有的脱钩直接补贴整合为一个计划，也就是基础支付计划（Basic Payment Scheme，BPS）。直到今天共同农业政策的脱钩改革仍在进行当中。

表6-1 欧盟农业脱钩直补框架

欧盟各成员国强制执行	欧盟各成员国自愿执行
单一直接支付（SPS）	再分配补贴
若超过15万欧元则至少削减5%	不能超过补贴总额30%
绿色补贴	自然条件受限地区补贴
不能超过补贴总额30%	不能超过补贴总额5%

第6章 建立稻谷"价补分离"的域外经验及借鉴

续表

欧盟各成员国强制执行	欧盟各成员国自愿执行
青年农民计划	自愿挂钩式补贴
不能超过补贴总额2%	不能超过补贴总额10%或15%
	小农户计划
	不能超过补贴总额10%
均需遵守"交叉遵守"总原则	

资料来源：欧洲委员会网站。

在粮食储备方面，欧盟也进行了相应的调整，在保证粮食储备安全的前提下，努力降低粮食储存各种支出，并通过"月加价"（每吨粮食每增加一个月的储存期则增加报酬支付）的方式鼓励私人企业、合作社、农场主参加粮食储备。

6.3.2 欧盟主要成员国关于脱钩补贴政策的实施

欧盟各成员国在环境、人文、经济等方面存在较大差异，所以欧盟的共同农业政策允许各成员国在遵守大框架的前提下，针对自身情况做出调整。因此，欧盟各成员国脱钩补贴政策并非完全一致。下文讨论了英、法、德的三国在脱钩补贴补贴政策实施的经验：

6.3.2.1 英国脱钩补贴政策

英国是欧盟第六大谷物生产国和最大的产羊国。作为欧盟的重要成员国，英国是共同农业政策脱钩补贴改革最积极的发起者与最严格的执行者。自英国加入共同农业政策起，就不断为推进共同农业政策的改革而努力。究其根源，由于过去挂钩补贴的实施，英国农业补贴急剧上涨，英国对共同体农业财政分摊数额也水涨船高。1976年英国分摊额为1.78亿英镑，而1980年则增加到12亿英镑，成为第二大分摊国家。成员国的分摊款主要通过农业补贴的形式收回，而英国是以工业发展为主的国家，通过农业补贴方式收回的补贴额少之又少。因此，英国积极地推进共同农业政策的改革。

目前，英国主要存在两种补贴模式，即与生产挂钩的补贴和不与生产挂钩的农民直接收入补贴。其中与生产挂钩的补贴主要包括农作物补贴、畜牧补贴、奶业补贴、农业税收减免等。2003年共同农业政策改革之后，与生产挂钩的补贴范围逐渐减小，贴金额也随之减少。农民直接收入补贴主包括单一直接支付、农业环境计划、脆弱地区支持计划、动物疾病补偿、粗放式经营补贴、农村发展补贴、其他补贴等。2014年，以"交叉遵守"为基础的脱钩补贴——单一支付政策，成为了英国最主要的补贴计划，补贴的额度占据了直接支付补贴总额的79%。对于单一支付政策的实施，英国根据自己的地理环境特征进行了一定调整。第一，针对苏格兰地区土地贫瘠、区位要素处于劣势的情况，英国对该地区的农民按面积和按历史补贴额为基数来计算补贴金额，以达到对大型复杂的农业项目进行补贴的目的。第二，由于英格兰地区各项农业生产要素均占优势，英国对该地区按每公顷支出为标准进行补贴。在补贴的占比上，以2014年度SPS支出为例，2014年SPS总支出23.13亿英镑，其中英格兰占比64.3%，获得14.88亿英镑补贴；苏格兰占比16.5%，获得3.82亿英镑补贴；北爱尔兰和威尔士分别占比10.6%和8.5%，分别获得2.46亿英镑和1.97亿英镑补贴。2015年，英国采用新的基础支付计划（Basic Payment Scheme，BPS）取代了单一直接支付。该项政策的实施并没有否定之前的脱钩政策，而是在此基础上进一步发展。与SPS一样，该计划也与"交叉遵守"捆绑执行，获得补贴的农民需要做到保护生态环境、保证食品安全、确保畜类卫生和福利、维持一定比例的永久绿地、维护生物多样性等。同时基础支付计划还要求从业者遵守英国制定的"绿化规则"（Greening Rules），否则将损失30%的补贴。"绿化规则"致力于农户种植多样化。按照规定，拥有10～30公顷耕地的农户需要种植至少2种不同的作物，拥有30公顷以上耕地的农户需要种植至少3种不同的作物，主要作物不能覆盖75%以上的耕地面积，且任意两种作物种植面积之和不能超过95%；凡是耕地面积超过15公顷的农民均需要利用一定面积的土地从事利于环境保护的活动。同时，英国引进了农村发展计划。在欧盟政策框架的前提下，英国将农村发展计划分为三部分。一是贫瘠地区支持计划。该计划由欧盟和英国各承担1/2，一共投入约1亿英镑，按照7:3的比例分别支援给苏格兰与北爱尔兰，具体补贴金额依据农村的区位要素和土地质量进行测算，1公顷补贴5～40英镑。二是乡村与环境管理计划。该计划主要针对英格兰地区,目的是提高英格兰农村环境与土地质量,一共投入约3.8亿英镑(农业部欧盟农业政策考察团,2012)。三是乡村优先/土地经营者选项。该计划主要针对苏格兰地区,目的是发展该地区大型复杂粮食项目,如土质保护、动物保护、农村基础设施建设等,一共投入约0.4亿英镑。

不难发现,英国的农业补贴充分突出了可持续发展得思想。农民要想得到补贴就必须重视粮食质量并保护生态环境。同时,英国是农业补贴政策改革最大的支持者,其希望能够降低直接支付水平来减少农民对补贴的依赖。

6.3.2.2 法国脱钩补贴政策

作为欧洲第一大粮食生产国,法国农业对其国民经济的贡献举足轻重,其农业用地占欧盟总农业用地的1/3,农业从业人数占欧盟总农业从业人数的1/4,农业总产值占欧盟农业总产值的1/5,粮食产量占总产量的1/3。由于法国每年从欧盟获得的农业补贴占欧盟农业总补贴额的1/5,是共同农业政策的最大受益国,因此法国是共同农业政策最大的受益国,每年从欧盟获得的农业补贴达100亿欧元,占欧盟农业总补贴额的1/5。它对共同农业政策的态度与英国截然不同,长期以消极态度对待改革,尤其是补贴制度的改革,法国极力主张以价格挂钩的补贴方式来指导粮食生产。然而,迫于国际(主要是美国)与欧盟内部压力(主要是英国和德国),法国目前总体上支持与生产脱钩的粮食补贴,但由于其农场主的收入主要来源于政府补贴,法国不得不将收入支持作为其主要的支持手段但其更重视对农民的收入支持,这是因为法国部分农场主的投入与产出基本持平,收入主要依靠于补贴。在脱钩补贴推进的过程中,法国粮食补贴数额被迫减少,但其仍保持了粮食补贴的多样性。首先是粮食生产补贴,主要包括按照粮食种植面积进行的补贴与按粮食休耕面积进行的补贴(分为自愿和强制)。与英国不同的是,法国的粮食生产补贴仍带有一定的挂钩性,对农产品市场造成了一定的扭曲。其次是法国农村发展补贴,主要包括粮食生产资料优化补贴和国家农村发展计划补贴。该项补贴主要为了增加粮农收入,改善粮农劳动环境与工作环境。但是,补贴金额不能超过补贴总额的40%,在不发达地区可以达到50%,对年轻农民补贴不能超过补贴总额的45%,不发达地区可以达到55%。最后是

"国家开发合同"补贴。法国通过制定《国土开发合同计划》将补贴重心转移到不发达地区，同时鼓励青年农民从事农业，给予包括青年农民安家补贴和自然条件恶劣地区补贴。同时，农业补贴更注重与环保和食品安全、规模经营模式、有机农业挂钩，从而保证粮食生产的质量，而不是一味的追求质量。

从数量上看，法国粮食储备补贴位居欧盟首位，从粮食储备制度的完备程度上看，法国的粮食储备制度又是最具有代表性的（杜彦坤，2004）。法国的粮食储备主要由粮食局（ONIC）负责，粮食局通过向收购机构或者专业的粮食仓储企业租用仓库来进行粮食储存，政府向其支付相应的储粮费用并签订合同。粮权实质上由法国政府掌握，私人企业或组织只是对粮食进行临时储备。根据"月加价"政策，每吨粮食增加一个月存储期间，政府就对储粮主体多支付6法郎补贴。

无论是创新性还是彻底性，法国粮食脱钩补贴在欧盟中都不算出色，但其粮食脱钩补贴政策分工明确、执行有效、并有很强的针对性。对于粮食脱钩补贴的下发，首先由农业部作出规定，其次需要财政部进行预估，最后由谷物办公厅进行发放；同时法国对补贴对象资格、发放标准、优惠条件和特殊处理等进行了详细规定，此外，法国十分重视不发达地区的粮食补贴支持。可以看出法国的脱钩补贴具有条件松、范围广、比例高、金额大等特点。

6.3.2.3 德国脱钩补贴政策

德国是农业现代化高度发达的国家。作为欧盟第三大农业生产国（次于法国和意大利），其粮食生产率一直处于较高水平，每个农民的生产力水平大约可以满足124个消费者的需求。然而，德国的农业补贴也处于较高水平，每个农民每年大约能够获得4.5万马克的补贴，其中45%来自于欧盟对德国农民的支付，55%为德国各级政府所提供，而德国农民平均年收入不过6.3马克，这相当于农民收入的70%来自于政府的补贴。补贴资金60%来源于联邦政府，其余40%由各州政府提供。与英国情况类似，由于德国农业在国民经济中占比不大，付出与回报不成比例。德国每年对共同农业政策资金的分摊比例约为29%，法国为17.5%；而每年返回的补贴额中仅占总补贴的14%，法国却占22.5%，换句话说，德国每年比法国多付出约40亿欧元，回报反而少了30亿欧元（余瑞先，

2001）。鉴于上述原因，德国一直支持共同农业政策改革。

德国的脱钩补贴主要在欧盟单一直接支付政策的大框架下执行的。由于农场面积较大，德国特别重视对粮食企业和大型农场的补贴支持。《农业投资纲要》对补贴对象有如下规定：第一，农业相关销售收入占企业总销售收入的比重超过25%或者规模达到德国政府制定的标准且合法经营的农业企业均可获得补贴；第二，从事粮食生产并且质量达到要求的企业或者农场可以获取相应的补贴；第三，以粮食直销为主并致力于绿色农业发展企业或者农场可以获得补贴。德国的"交叉遵守"主要突出了对环境多样性的保护。其中，化肥农药的使用在农前、农中、农后受到十分严格的限制。德国政府采取分定向检查或随机抽查的方式对违反"交叉遵守"的情况进行监督，并且根据严重程度，分别按1%、3%、5%分级扣减补贴额。如果农户不予以更正，扣减会达到3倍之多。2015年在基础支付计划实行的背景下，德国开始采用给付权制度。粮农不仅必须耕种农地、从事粮食生产，还必须拥有给付权才能领取补贴，补贴数额与给付权挂钩。该政策类似于单一直接支付计划，依据历史补贴水平来确定当年的脱钩补贴标准，但是这个标准仅在各州内部统一。德国的粮食储备制度与其他国家有所不同。由于每年存在大量的粮食过剩，德国并没有进行过多的粮食储备，主要由国家储备粮和欧盟干预粮两部分组成。政府会与经过审查的私人企业或组织签订储粮合约以确定补贴价格，合约签订后，该私人企业或组织正式成为储粮主体，需保证储粮质量并接受政府的持续监督（中国农业代表团，2008）。

无论是欧盟还是各主要成员国，其粮食补贴均经历了从挂钩到脱钩的转变，但转变的过程漫长而艰难，这也提示中国在粮食补贴改革中切不可操之过急。从欧盟及主要成员国的脱钩补贴改革中不难发现：第一，各国均经历了由市场价格支持的挂钩补贴到以农民直接收入补贴为主的脱钩补贴的转变；第二，脱钩补贴通常与环境保护政策相结合，补贴标准常与粮食质量、环境保护、农业可持续发展等相挂钩；第三，脱钩补贴更注重对不发达地区、环境恶劣地区等的补贴；第四，脱钩补贴执行有效、分工明确、计算科学；第五，脱钩补贴执行灵活，各国在执行过程中均根据自身资源禀赋的差异进行了调整；第六，挂钩式补贴并未完全消除，而是将其并入脱钩补贴中一起执行。在这里还要指出的是，脱钩补贴仅改变了补贴的方式，欧盟粮食补贴的支持力度（补贴数额）始终占较大部分。

并且欧盟各国的脱钩的政策均不是单独运行的,它仍然需要某些挂钩式补贴的支撑,单独运行的完全脱钩政策目前是不存在的。

6.4 国外经验对我国稻谷补贴制度的启示

第一,坚持市场化的改革方向。无论从美国还是从欧盟的经验来看,主要发达国家对粮食生产的补贴政策都经历了由挂钩补贴为主到由脱钩补贴为主的转变,都选择了对与当期的农产品产量、价格、种植面积、投入品使用等无直接关联也不受事后发生的市场条件改变的粮食补贴方式。可见在 WTO 规则约束的国际大背景下,要增强我国稻谷的国际竞争力,稻谷生产补贴的脱钩化是大方向。我国必须坚持脱钩化即市场化的改革方向,积极探索稻谷脱钩补贴的制度方案。政府通过调整定价原则,增强粮食补贴政策的弹性,改变农民只涨不降的刚性预期(程郁、叶兴庆,2016)。

第二,坚持循序渐进的改革方式。从耕地的资源禀赋来看,我国和日本同属地少人多的类型,日本的大米补贴政策更加值得借鉴。日本虽然也在超"脱钩化"补贴方向转变,但至今尚未建立完全脱钩化的稻谷补贴政策。因此,我国在建立稻谷脱钩补贴制度的不能操之过急。结合我国的实际,稻谷最低收购价必须回归底线保护功能,其作用在于稳定粮食市场和保障国家的粮食安全。另外,欧盟实施脱钩补贴并不意味着就完全摒弃了挂钩补贴,而是将其并入脱钩补贴中一起执行。并且欧盟各国的脱钩的政策均不是单独运行的,它仍然需要某些挂钩式补贴的支撑。所以,在建立我国的稻谷脱钩补贴制度时,也必须坚持循序渐进的方式,可走"挂钩补贴—挂钩补贴为主脱钩补贴为辅—脱钩补贴为主挂钩补贴为辅"的改革路径,在保证稻谷生产稳定的前提下逐步增强国际市场竞争力。

第三,坚持制度化与动态化相结合的方式。自 1995 年 1 月 WTO 的《农业协定》正式生效起,美日欧先后多次调整粮食补贴政策以应对 WTO 规则对农产品价格补贴、出口补贴等农业补贴政策的限制。随后,美日欧又根据国情或者国内外粮食市场的变化相应调整粮食补贴政策。同时,对粮食的补贴目标、具体项目、补贴范围、补贴标准制度化,保障粮食补贴的权威性和有效性。我国建立稻谷脱钩补贴制度,既要保证制度的连续性和权威性,也要根据国情和国际环境变化适时调整,没有什么政策是"包治百病"或者一劳永逸的。

附 录

附录1

黑龙江稻谷收储制度与补贴制度改革研究报告[①]

宋洪远　高　鸣　吴　比　侯国庆

黑龙江是农业大省，是全国最重要的商品粮基地和粮食战略后备基地。近年来，全省持续深化农业供给侧结构性改革，调结构、转方式、育动能、促增长。农业经济继续保持稳中有进、持续向好态势。2016年，全省农业增加值2731.65亿元，占GDP的17.75%，农民人均家庭经营性收入达到6426元，占农民人均可支配收入的54%。

黑龙江是全国粳稻生产第一大省。2016年全省水稻播种面积5889万亩，约占全省粮食播种面积的30%，占全国水稻面积的近15%，总产600亿斤以上。2017年，全省水稻播种面积5897.6万亩，保持稳定，预计总产将继续保持在600亿斤以上。这主要得益于全省的气候条件和自然状况。全省温差及日照情况有利于干物质积累提高单产，也有利于提高稻米品质。全省水稻种植区域主要分布在三江平原、松嫩平原，且水资源较为丰富等条件都为水稻种植提供了有利的

[①] 本研究为清华大学中国农村研究院重点项目"稻谷最低收购价制度改革与补贴政策研究"（编号：CIRS2017-8）的阶段性成果。宋洪远、高鸣、吴比，农业部农村经济研究中心；侯国庆，内蒙古农业大学经济管理学院。

自然条件。此外，水稻机械化程度较高。水稻耕种收机械化水平达到98.6%，其中机耕、机种植和机收水平分别为99.8%、98.0%和97.6%。另外，水稻生产经营规模化程度较高。全省水稻生产200亩以上规模化经营面积达到3600多万亩。其中农村水田流转面积1665万亩；水田农机专业合作社279个，经营面积187万亩。

一、水稻收购、储备和补贴情况

（1）从生产收益看，种植水稻的比较效益明显高于其他作物。从农民自有土地看，2016年水稻亩纯收益为949元，分别比玉米、大豆、小麦高457元、546元、570元；从流转土地看，2016年水稻的纯效益为299元，分别比玉米、大豆、小麦高207元、196元、220元。尽管如此，不会出现水稻种植面积大幅增加的情况。一是近年来种植水稻比较效益高，适宜种植水稻的地区大多已种植水稻，"旱改水"的发展空间有限。二是由于"旱改水"成本高，全省不具备大面积"旱改水"的条件。三是受水源条件限制，严格控制井灌稻发展，目前可以实施"旱改水"的区域仅限于松花江、嫩江沿岸和三江平原地区，以及近年来新建提水灌溉工程和大中型灌区辐射区域。

（2）从收入构成来看，水稻经营性收入占经营性收入比重较大。2016年以来，受宏观经济下行、玉米收储制度改革等交织叠加影响，全省农民持续增收面临前所未有的压力和挑战。2016年，全省农民人均经营净收入为6426元，比上年同期减少624元，下降了8.8%，主要是由于玉米价格下跌所致。水稻经营性收入占农民经营性收入的比重较高。以2016年为例，全省水稻种植面积5889万亩，按照1800万农民计算，农民人均水稻种植面积3.27亩，水稻亩纯收益949元（自有土地），水稻种植收入占农民家庭经营纯收入的48.3%，占农民人均纯收入的26%。

（3）从收购情况来看，优质稻进市场、普通稻进"国库"。2013年粳稻最低收购价1.50元/斤，从2014年起连续3年，粳稻最低收购价都是1.55元/斤，2017年粳稻最低收购价又调整回1.50元/斤。由于收购价较好，使优质水稻了进入了粮食市场，普通圆粒稻被国家收购。据统计，近3个收购期最低价收购量占比都在60%以上：2014～2015年收购期，全省收购474.5亿斤，其中商品粮173.3亿斤、最低收购价粮300.5亿斤；2015～2016年收购期，全省收购480.9亿斤，其中商品粮142.9亿斤、最低收购价粮337.9亿斤；2016～2017年收购期，全省收购503.5亿斤，其中商品粮148亿斤、最低收购价粮335.5亿斤。

（4）从储备来看，政策性稻谷库存为稳定我国粮食市场供需平衡起到了作用。2017年9月末，中储粮黑龙江分公司政策性稻谷实际库存5504万吨，其中：最低价稻谷5460.9万吨，临时存储稻谷44万吨。黑龙江分公司管理的政策性稻谷（不含中央储备）占全省稻谷库存的97%。从储存形态看，露天储存970万吨，仓房储存4534万吨。2017年中储粮三季度稻谷平均库存5744万吨，拨费用补贴95.4亿元，其中：保管费用补贴34亿元，监管费用2.5亿元，利息补贴58.9亿元。

（5）从补贴来看，补贴面积和补贴资金总额大幅度增加。以黑龙江省农垦为例，2017年度农业支持保护补贴共下拨资金249565.65万元，补贴面积3480.53万亩。其中，省级财政拨付资金200423.65万元，拨款面积3480.53万亩，补贴标准57.58元/亩；中央预算下达补贴资金49142万元，补贴面积3480.53万亩，补贴标准14.12元/亩。

二、水稻收购、储备和补贴面临的问题

（1）"稻强米弱"问题突出。国家最低收购价政策保护了种粮农民利益，提升了黑龙江省水稻生产能力，保障了市场稳定供应。但同时，政策性价格连年主导市场行情，客观上抬高了加工企业原料采购成本，稻米加工业保本或微利中仍艰难运行。"稻强米弱"问题严重挤压了水稻加工企业利润，加之南方稻米市场竞争激烈，尽管黑龙江省大米品质优势突出，但是区域劣势明显，稻米加工企业处境艰难。

（2）仓容不均衡、粮食收储及管理风险。在执行最低收购价水稻收购政策时，辖区仓容总量可以满足需要，但部分县市或局部地区有收储仓容紧张的情况；玉米取消临储收购政策，收储库点收购水稻的动能增加，抢粮收购、抬价收购、贴钱收购现象可能发生。同时，陈水稻拍卖价格与新水稻托市收购价格

差距较大,转圈粮、掺混销售风险较大,控制难度加大;超大管理规模带来的储粮和生产安全风险巨大。黑龙江分公司管理的中央事权粮食库存保持在1.5亿吨以上,其中93%以上的粮食委托和租仓储存直属库外,其消防安全设施差、储粮条件差,加之部分民营企业诚信低,生产安全风险、储粮安全风险和经济风险巨大。

(3) 水稻去库存难度大。由于政策性收购持续,尽管2017年价格下调,但种植比较效益仍有优势,对农民种植意愿影响不大,水稻库存仍将累增。而库存时间延长导致品质下降,同时,水稻品种由于产业链太短,消化去向较窄。目前,全省仅中粮(肇东)生化一家燃料乙醇生产企业(年加工能力120万吨)。未来水稻库存的消化难度大。

(4) 补贴面积和耕地面积差异导致补贴摊薄。当前全国补贴面积是按照计税面积进行补贴的发放和核准,而黑龙江省在计税时期少报了耕地面积,且在近年来的垦荒中又扩大了耕地面积,使国家的补贴标准被摊薄。此外,目前人工费用及水稻生产资料价格都在上涨,补贴额度的摊薄不利于提高农民种稻的积极性。

三、完善稻谷收购、储备和补贴制度的建议

由于黑龙江省是我国的"大粮仓",承担着保障国家粮食安全的重要任务。由于水稻价格高、收购难度大和库存压力大,建议国家着手研究完善稻谷收储和补贴制度。

第一,深化粮食收储制度改革,完善稻谷价格形成机制。建议在尊重市场规律的基础上,积极而稳妥地逐步推进东北地区稻谷收储制度改革,加快完善稻谷价格形成机制,使稻谷价格更加贴近市场。首先,逐步降低稻谷最低收购价,这一政策信号要在每年春耕前就要充分释放,让农户提前做好结构调整准备。其次,当稻谷最低收购价降至与市场价格基本接轨时,应考虑停止执行最低收购价政策,改为实行"市场化收购+补贴"的新机制,稻谷价格由市场形成,充分发挥市场对生产的调节作用。参照玉米生产者补贴制度,在我国建立稻谷生产者补贴制度。最后,针对市场化改革后,稻谷价格可能大幅下跌以及可能出现的

"卖粮难",应建立应急收储调控机制。在不直接干预市场价格的前提下,通过适度增加中央和地方储备规模,加大轮换力度等方式进行调控。

第二,支持水稻全产业链发展,增加稻谷附加值。建议积极支持稻谷全产业链发展战略,支持稻谷产业一边向生产环节方向发展,一边向加工、销售、餐桌食品等精深加工方向延伸,增加原粮的附加值。支持企业深加工,特别是要加大对加工企业扶持性补贴力度,将购销环节的补贴性资金向全产业链两个方向进行延伸,真正发挥自主消化稻谷的能力,从需求方面解决粮食购销问题。

第三,加快推进稻谷去库存,实行休耕补贴制度。综合考虑库存规模、运距、质量等因素,建议国家优先考虑去黑龙江省粮食库存,并给予特殊政策支持外销。比如,降低拍卖、定向销售价格,给予省外销售适当运费补贴,安排跨省移库调拨等,综合施策,逐步消化黑龙江省粮食高库存。同时,调节粮食供给,为去库存创造条件。一方面,根据国内粮食供求平衡状况,合理调整粮食种植结构,减少阶段性供大于求粮食品种的播种面积;另一方面,严格控制粮食进口数量,适当调整配额政策、关税政策、质量政策,严禁走私。为深入实施"藏粮于地"战略,推进水稻去库存,建议在黑龙江省第三积温带井灌区开展水稻田休耕试点,给予相应的休耕补贴,保障稻农基本收益。

第四,加大水稻农业保险扶持力度,降低水稻生产风险。建议国家拓展农业保险覆盖面,适度提高种植水稻农业保险补偿标准,吸引更多的农民参加农业保险;在查勘定损环节中,引入具有评估资质的"第三方",保障政策性农业保险的公平、公正、公开;取消产粮大县保费匹配,减少省级匹配,提高国家保费补贴比例。同时建议国家在开展农业大灾保险试点方面给予更多的支持,在原有试点县的基础上增加全省试点县数量和扶持力度。

附录 2

黑龙江庆安县水稻收储和补贴制度改革调研报告[①]

高 鸣

庆安县位于小兴安岭和松嫩平原交汇处，幅员 5469 平方公里，辖 14 个乡镇，93 个行政村，766 个自然屯，总人口 41.2 万。庆安县属寒温带大陆性季风气候。年平均日照 2599 小时，年平均气温 1.69℃，无霜期 128 天左右，每年有 2/3 时间土壤处于休耕期，年平均积温 2604.6℃，年平均降雨量 577 毫米。农业区平均海拔 200 米左右，耕地主要是草甸土和黑土，土质肥沃，适宜种植水稻、玉米、大豆、瓜菜等作物。庆安是国家级生态示范区、国家级现代农业示范区、全国粮食生产先进县、好粮油示范县、国家级现代农业产业园创建县之一。

2016 年，全县地区生产总值实现 88.2 亿元，同比增长 8.3%；城镇居民人均可支配收入 21894 元，增长 6.9%；农民人均纯收入 13418 元，增长 9.9%。各类新型经营主体发展达 3164 户，其中，农民专业合作社 1112 个，家庭农场 583 个，全县适度规模经营面积发展到 104.9 万亩，土地流转面积发展到 132.7 万亩，分别占耕地面积的 36.87% 和 46.64%。此外，"公司+基地+合作社+农户+市场"成为主要经营模式，21 家龙头企业流转土地自建基地 20 万亩，"订单农业"模式引领庆安大米走向高端。

一、庆安县水稻收储和补贴情况

2017 年作物种植面积 284.6 万亩，其中水稻面积 155 万亩，水稻平均单产

---

① 本研究为清华大学中国农村研究院重点项目"稻谷最低收购价制度改革与补贴政策研究"（编号：CIRS2017-8）的阶段性成果。高鸣，农业部农村经济研究中心。

505.4公斤/亩。2017年水稻平均种植成本是695元/亩,销售价格1.58元/斤,平均亩效益1120元。2017年有机方式种植水稻面积超过10万亩,主要种植模式是鸭稻共育和覆膜稻。2017年,全县米业加工企业年加工能力可达240万吨,实际加工量在100万吨左右。

(1) 水稻最低收购价执行情况。2014年水稻最低收购价格为每市斤(标准品,三等)1.55元,2015年、2016年与2014年水平不变水稻最低收购价格为每市斤(标准品,三等)1.55元。2017年降价5分,每市斤(标准品,三等)1.50元。庆安县的水稻加工能力远远大于水稻生产能力,加工企业为了保障粮源,企业多数都是采取订单的形式进行回收,订单价格都高于最低收购价格,最高的有机种植订单价格达到3.5元/斤以上。没有签订订单的农户在销售水稻时,受企业水稻需求量刺激,价格也都高于最低收购价格。

(2) 水稻储备执行情况。其一,关于粮食储备库。庆安县没有国家仓储库和地方储备库,但是拥有鑫利达、东禾、庆翔、博林、海源和绿都源6家中储粮租库点,还有聚丰明远1家中粮租库点。收购价格执行国家标准,租库费用每吨50元。其二,关于仓储容量。2017年,庆安县存储粮食145万吨,其中水稻122万吨。此外,还有94万吨的仓容闲置。其三,关于倒库。近几年,庆安县收储库没有发生倒库现象。这主要是因为在入库时,严格控制了入库质量(水分14.5%、杂质不超标准1%),而且各收储库点的型态都按有机械通风和电子检温,坚持按规定通风。另外,按照保管规程进行保存,发现粮情及时处理,所以一直没有出现倒库的现象。其四,关于倒库损失。往年出现倒库的现象造成了粮食损失,根据倒库原因不同,出现的减量的数量也不同,一般倒库损失在0.2%~0.5%。

(3) 水稻补贴执行情况。当前,庆安县种植水稻的补贴仅限于农业支持保护补贴,即"三补合一"补贴。2016年,水稻"三补合一"补贴总额约1.51亿元,补贴农户78943户,平均每户补贴额约为1916元,评估每亩补贴额约为71.5元。第一,补贴依据。经省政府批准,暂以2003年农业税纳税面积和二轮承包耕地面积为依据分配发放补贴。待土地确权工作全面完成后,以确权面积为依据分配发放耕地地力保护补贴,保证合理合法耕地均能享受地力保护政策。第二,补贴对象。凡是承包(租赁)双方在合同(协议)中对补贴归属有明确规定的,按照双方合同(协议)执行;没有合同(协议)的,补贴给拥有耕地承包权的农民(集体、单位)。第三,补贴标准。根据省下达庆安县实际应补贴面积为2116783.91亩,2016年全县补贴标准为每亩71.454元,2017年为每亩71.5469元。第四,发放方式。由县财政部门将资金拨付到乡镇,然后由乡镇财政所通过"一折(卡)通"兑付到农民手中,在"一折(卡)通"的摘要中注明"地力保护补贴"。

二、庆安县水稻收储和补贴存在的问题

第一,短期农户卖粮难的问题。收储企业开库较晚,且收购点较少,农户水稻收获后不能及时销售,出现短期农户"卖粮难"的问题。

第二,水稻阶段性过剩的问题。由于最低收购价格的实施,农户会按照收购价格计算自身收益,追求高产品种,造成了水稻阶段性过剩,在一定程度上影响了优质水稻品种发展,企业在制定回收价格时也会按照最低价格作为参考,不利于优质品种价格体现,不能体现优质优价。

第三,水稻收益下降的问题。随着国家稻谷保护价的降低,普通农户收益将下降,农民利益无法保障,还没有全面建立起来农民参与稻米加工销售的利益联结机制。

第四,水稻储备的问题。随着本地国家储备粮数量的减少,存在一方面本地库容大量闲置,另一方面农户在家储粮困难的局面。

三、关于完善水稻收储和补贴制度的建议

第一,逐步推进水稻市场化改革。首先,水稻继续实行最低收购价,但是最低收购价逐渐与市场价接轨。其次,在最低收购价的基础上实行水稻"生产者补贴",可根据水稻种植面积进行补贴,提高农民收入水平,减少市场风险对农民收入的冲击。另外,构建水稻秸秆回收补贴,不仅保障农民收入,还可以解决秸秆焚烧带来的环境污染问题。

第二,鼓励多元主体进行粮食收储。建立更多的粮食收储点,加大粮食收储

力度，鼓励更多的社会化组织进行粮食收储，并同样享受国家粮食收储补贴，进而形成良性竞争，将粮食收储推向市场化运营。

第三，构建优质水稻生产补贴和水稻加工补贴体系。按照国家出台的优质米标准，研究制定优质稻米生产者补贴，用政策手段刺激农户根据市场需求种植优质品种，顺应农业供给侧改革需求。此外，鼓励水稻加工企业收购水稻，按加工数量与质量，发放水稻加工补贴。

附录 3

黑龙江柳河农场水稻种植情况访谈报告[①]

侯国庆　高　鸣

柳河农场位于绥化市庆安县境内，距庆安县城 32 公里。1960 年开发建设农场融垦荒文化、五七文化、知青文化于一体，曾以"文革"期间中国第一所五七干校而闻名。柳河农场所在地区属于温带、大陆季风气候，年平均降水量 550~600mm，无霜期在 115~120 天，年有效积温在 2300~2500℃，位于黑龙江省第三积温带上限。农场总面积 22 万亩，其中，林地面积 12 万亩、耕地面积 6.18 万亩、水面 0.6 万亩；总人口 3000 多人，其中职工 561 人。农场生态环境优良，是一个以旅游、农业、林业、牧业为主的小型农场。2016 年末实现生产总值 1.7 亿元，人均可支配收入 2.31 万元。

一、柳河农场农业生产经营情况

不断拓展农业生产经营是柳河农场的重要发展方向，通过访谈，现将柳河农场农业生产发展特征总结为如下几个方面：

第一，不断优化种植结构，充分挖掘现有资源经济效益。根据"减玉米、稳大豆、扩水稻、上经特"的发展思路，农场出台相应激励政策，积极引导职工农户大力发展优质高产水稻、杂粮、药材等经济作物与特种作物品种，加快农作物品种的更新换代，提高单位面积产出效益。2017 年播种总面积为 61816 亩，其中水稻 26400 亩（龙粳 39、龙粳 40）、玉米 5300 亩（先正达 203、先正达 205，其

---

① 本研究为清华大学中国农村研究院重点项目"稻谷最低收购价制度改革与补贴政策研究"（编号：CIRS2017-8）的阶段性成果。侯国庆，内蒙古农业大学经济管理学院；高鸣，农业部农村经济研究中心。

中粘玉米金糯262,500亩)、大豆22356亩（东升1、东升7、东升9，其中小粒黄豆东农690,200亩)、杂粮6000亩（高粱3000亩、红小豆3000亩)、中药材1800亩（其中药用黑豆1630亩、黄芪70亩、苏子70亩、红景天30亩)。并形成了库页红景天、黏玉米、高粱、小粒黄豆、苏子等标准化示范基地5个。预计平均亩效益达到500元左右。同时，柳河农场积极发展绿色有机水稻，2017年先期种植有机水稻试验田200亩，平均亩产330公斤，亩效益可达到2000元左右。

第二，大力推动畜禽养殖业发展，提升农业经营综合效益。柳河农场养殖业主要以生猪、家禽饲养为主，为推动畜牧业发展，农场通过饲料用地（生猪200~500头1公顷、500~1000头2公顷、1000~1500头3公顷、1500~2000头4公顷、2000头以上5公顷)、养殖用地等鼓励措施，2017年农场已形成规模养猪小区5个，目前生猪存栏量8500头，预计年出栏量达到20000头；饲养生态鸡11000只，大鹅4000只；同时还有鹅雁、巴马香猪、森林猪等特色养殖品种。根据柳河农场自行测算，年生猪饲料消耗为玉米3300多吨，相当于5000亩饲料地玉米产量，有效地实现了"过腹增值"。此外，柳河农场辖区内还包括水面6000多亩，年产野生鱼500多吨。

第三，积极发展林下经济，探索新经济增长点。柳河农场基于盘活林业资源，将资源优势转化为经济优势为出发点，积极引导职工群众发展林牧、林果、林药、林菌等林下经济模式，促进职工增收、企业增效。经过几年的发展，现已建成林果软枣猕猴桃种植64栋大棚、约3公顷；种植库页红景天种、黄芪、苏子等林药200多亩；饲养森林猪200多头、森林鸡11000多只，深挖资源优势已取得了一定的效果。

第四，积极完善基础设施建设，创造农业发展条件。针对农场基础设施相对薄弱的现状，柳河农场近年来通过积极申请国家项目资金，不断加强基础设施投入。2017年，已获得农业综合开发资金990万元，进行第一作业区高标准农田建设项目；获得国家小型农业水利设施建设补助资金200万元，实施东大排泵站拆除重建配套工程；获得国家"一事一议"财政奖补资金28万元，维修农田道路76公里。通过几年来的持续投入，农场整体农业基础设施和生态环境获得了较大的改善，为推进农业生产经营的进一步发展构建了良好的基础条件。

二、柳河农场水稻生产情况

调研中发现,由于农场的特殊性质及定位,柳河农场土地承包有别于地方的家庭联产承包责任制。柳河农场现有耕地由农场每三年进行一次发包,发包对象主要为农场职工及其家属。发包的土地分为三种类型:第一类为口粮田,每户农场职工约为5亩,租金为每年70~80元/亩;第二类为规模地,职工及家属人均约为30亩/人,租金约为每年200元/亩;第三类为竞拍地,想承包更多耕地的职工或家属可以通过竞拍的方式获得此类竞拍地,这类耕地近年来一般起拍价格约为每年租金400元/亩。根据柳河农场自身测算,上述三类土地综合平均后,每亩土地的年租金均值约为256元/亩。

1. 农场水稻种植情况

首先,从水稻种植总面积来看。柳河农场2013~2014年水稻种植面积为2.6万亩,2015~2017年水稻种植面积为2.64万亩,水稻种植面积略有增长。从成因来看,主要是农场在2015年土地重新整合时,通过降低租金的政策鼓励农户把旱田改成水田,提高了农户扩大稻田种植的意愿;但受制于水源有限,以及耕地条件等因素限制,稻田增加量仅为400余亩。

其次,从户均水稻种植面积来看。2016年,柳河农场水稻面积2.64万亩,水稻种植户396户,户均种植面积为66.67亩/户;2017年,柳河农场水稻种植面积为2.64万亩,水稻种植户405户,户均种植面积为65.19亩/户。

最后,从产量情况来看。柳河农场水稻种植品种以龙粳系列为主。2013年平均单产为572公斤/亩,2014年平均单产565公斤/亩,2015年平均单产562.68公斤/亩,2016年平均单产563.32公斤/亩,2017年平均单产575公斤/亩。从整体上看,该农场的水稻单产水平较为稳定。

2. 水稻种植补贴情况

首先,从具体补贴金额来看。2016年,柳河农场水稻"三补合一"补贴总额为192.5万元,平均每户补贴金额为0.49万元,平均每亩补贴金额72.77

元。2017年水稻的"三补合一"补贴总额为189.3万元，水稻面积2.64万亩，水稻种植户405户，平均每户补贴金额为0.47万元，平均每亩补贴金额为71.7元。

其次，从补贴执行情况来看。该农场补贴政策严格按照黑龙江省、农垦总局、绥化管理局《关于拨付耕地地力保护补贴资金的通知》要求，准确统计种植面积及补贴人，经过公示后上报，资金拨付后，根据农户所承包土地面积，按照补贴标准计算补贴额并再次公示，最后通过一卡通直接发放到农户手中。

最后，从补贴政策存在的问题来看。柳河农场面临的主要问题是补贴面积和实际面积不一致：2008~2012年，该农场水稻等各类粮食每年的实际播种面积为5.88万亩；2013年至今，每年粮食播种面积增长为6.18万亩；而国家对于农场粮食生产的"三合一"补贴，在2013年以后仍按照播种面积为5.88万亩进行拨付，比实际播种面积少了3000余亩。为此，农场需要每年自行配套20多万元，用以发放这部分耕地的"三合一"补贴。

3. 经济效益情况

根据柳河农场自行测算的数据显示：2013年水稻平均种植成本为771.9元/亩，销售价格1.3元/斤，平均亩效益715.3元；2014年水稻平均种植成本为786元/亩，销售价格1.45元/斤，平均亩效益852.5元；2015年水稻平均种植成本为848元/亩，销售价格1.43元/斤，平均亩效益761.26元；2016年水稻平均种植成本为855.5元/亩，销售价格1.41元/斤，平均亩效益733.06元；2017年水稻平均种植成本为861元/亩，销售价格1.39元/斤，平均亩效益737.5元。从数据变化来看，由于生产资料价格上涨以及人工费用增加等因素影响，水稻种植成本逐年增高；同时，2015~2017年最低收购价的下调，以及承包费的上涨，导致近年来水稻亩效益出现降低。

三、柳河农场水稻收储情况

首先，从水稻最低收购价及其影响来看。近年来，柳河农场所在地区水稻最低收购价处于较为稳定的状态,分别为:2013 年 1.50 元/斤,2014~2016 年 1.55 元/斤,2017 年 1.50 元/斤。与此同时,尽管水稻生产成本在人工、农药、化肥、油料等方面处于逐年增加状态,但总体涨幅不大,水稻种植收益处于比较稳定的状况且高于普通旱田作物。因此,尽管最低收购价下调影响了农户的水稻种植收益,但对农户种植水稻的积极性依然较高。

由于水稻最低收购价的托底作用,农户对最低收购价产生了较强的依赖心理,往往会按照最低收购价格计算自身的水稻种植收益,从而导致一味追求高产,过多地使用农药化肥,这在一定程度上影响了水稻的品质。同时,农户对于发展高品质水稻种植的积极性不足,存在低品质水稻种植面积远大于高品质水稻种植面积的问题。

其次,从收储环节来看。目前,由于柳河农场附近没有水稻收购网点与稻谷加工企业,水稻销售很大一部分是通过粮商在地头收购后,由粮商将水稻晾晒整理、运输到国家储备库出售;因此,粮商的收购价格必然低于国家最低收购价,柳河农场农户的水稻往往比周边县区每斤少卖 3~5 分。

四、柳河农场水稻生产过程中存在的问题

首先,在稻谷收储方面。由于柳河农场附近没有粮食收购网点且距中心城镇较远,粮商上门收购过程中存在着一定的压质压价现象,农户水稻种植收益不能获得很好的保障。为更方便种植户卖粮,该农场尝试过招商引进粮食仓储企业,但由于多种原因没能成功。在访谈中,柳河农场提出能否对没有粮食收购网点且远离中心城镇的地区给予一定的政策支持,如运输费补贴等,以保障水稻种植户利益。

其次,在补贴方面。目前,在水稻种植方面的生产补贴只有"三合一"补贴,该补贴在降低稻农生产成本,保障农民收益方面发挥了积极的作用。但由于现有补贴未考虑品种优化问题,也就是说不论农户种植什么样的水稻,在补贴方面都没有差异,从而使得补贴在优化种植结构方面未能发挥明显的作用。访谈中,柳河农场建议能否考虑加大对绿色有机水稻补贴力度,以推动水稻种植品种结构的优化。

最后，在完善收购保护价方面。从现行最低收购价政策的实施情况来看，稻农从该项政策中获得了切实的实惠，水稻种植业得到了很大的发展。但与此同时，农户对于最低收购价的依赖问题也越发突出，水稻最低收购价的明显下调将会导致相当一部分水稻种植户收益的下滑。为此，访谈中柳河农场提出，能否在现行水稻最低收购价政策的改革过程中采取更为积极和稳妥的措施，从而在推动水稻生产供给侧改革的同时，保障相应农户的利益。

附录 4

黑龙江长丰水稻种植合作社访谈报告[①]

侯国庆 高 鸣

长丰水稻种植合作社地处黑龙江省哈尔滨市庆安县。该县位于黑龙江省中部松嫩平原与小兴安岭余脉的交汇地带,属于低山丘陵平原区,海拔高度在160~820米之间,平均海拔450米左右,农业区平均海拔200米左右。就具体气候条件,庆安县年平均日照时数为2599小时,年平均气温为1.69℃,无霜期128天左右,年积温均值约为2604℃,适宜于水稻等农作物的种植生长,是我国绿色食品A级水稻生产基地。

基于当地农业生产条件,长丰合作社为水稻种植专业合作社。该合作社成立于2011年,成立之初社员为5户水稻种植家庭,种植面积为150亩水稻;经过6年的发展,目前该社社员人数已发展至30个水稻种植户,种植面积达到5000亩。

一、长丰水稻种植合作社生产经营情况

1. 合作社水稻生产情况

第一,从种植品种来看。长丰水稻种植合作社社员水稻种植区域主要位于第四积温带上限与第三积温带下限之间,受该地理位置气温的限制,合作社目前水稻种植品种主要为龙粳31和龙粳46两类品种,属于非优质水稻,水稻销售价格

[①] 本研究为清华大学中国农村研究院重点项目"稻谷最低收购价制度改革与补贴政策研究"(编号:CIRS2017-8)的阶段性成果。侯国庆,内蒙古农业大学经济管理学院;高鸣,农业部农村经济研究中心。

相对较低。

第二,从销售渠道来看。长丰水稻合作社所在地区庆安县为水稻种植大县,当地水稻种植品种包括优质水稻与普通水稻等多种类型。由于当地水稻收购的社会主体以粮食加工企业为主,而此类企业以经营利润出发,主要收购产品附加值较高的有机水稻、功能水稻等品种,对普通水稻不进行收购。因此,长丰水稻种植合作社生产的水稻销售渠道依赖于国家粮食收储,也就是说销售价格取决于当年的水稻最低收购价。

第三,从水稻种植土地流转情况来看。当地户均承包地面积约为 5 亩,按照合作社社员家庭平均 2~3 人计算,户均承包地面积在 10~15 亩。显然,对于长丰合作社社员户均 100 亩水稻的种植面积而言,土地流转量很大,是社员水稻种植用地的主要耕地来源渠道。根据土地质量的不同,合作社社员每亩稻田的年租金价格在 600~1000 元/亩。

第四,从具体生产来看。在合作社当前 5000 亩水稻的种植面积中,理事长家庭水稻种植面积达到了 1500 亩,属于较为典型的能人带动型生产经营方式。除个别小规模种植户以外,长丰合作社社员水稻种植面积户均约为 100 亩,属于较为典型的黑龙江省水稻种植情况。由于种植面积较大,当地水稻种植已主要依靠机械化方式予以开展。目前,合作社在水稻种植农机具上的投入达到 200 万元,购买了包括插秧机、播种机、施耕机和收割机等多种机械在内的农机具,但上述农机具完全由理事长个人通过 6 年不间断投入的方式进行累计。就目前合作社 5000 亩的水稻种植面积来看,这部分农机具能够满足 70% 的水稻种植面积对于生产机械的需求,另外 30% 的农机具生产需求需要依靠合作社外部的农机租赁予以满足。

第五,在享受扶持政策方面。目前,合作社运行过程中主要享受到了两个方面的资金扶持。一方面是温室大棚建设补贴,约为 20 万元;在补贴帮助下建起了 30 个温室大棚,每座大棚为 360 平方米,30 座温室大棚一共能够满足 1500 亩水稻田的育苗需求。另一方面是远程监控设施建设补贴,约为 10 万元;该补贴帮助合作社构建起了较为完善的网络监控设施,合作社可以通过该网络监控社员的稻米生产流程,同时其他相关主体也可通过网络进入该监控设备,远程查看稻米生产流程,为进一步发展有机稻米的可追溯体系奠定了良好的基础,有助于合作社的水稻生产向有机稻米方向发展。

第六，从合作社社员情况来看。目前，长丰水稻种植合作社社员完全为当地水稻种植户，没有外来农业经营者进入。社员年龄分布在35～50岁，分布较为均匀，未表现出明显的集中趋势。

2. 合作社水稻种植收益情况

首先，从水稻销售价格来看。近五年来，庆安县当地水稻销售价格呈小幅上升趋势，2013年至2015年，水稻销售平均价格分别为2.76元/公斤、2.8元/公斤、2.9元/公斤、3.04元/公斤和3.16元/公斤。长丰水稻种植合作社社员水稻销售价格与上述价格基本相符。

其次，从水稻生产投入来看。生产成本与土地流转费用是当地水稻生产投入的主要组成部分。根据访谈数据测算，长丰合作社社员水稻生产成本约为667元/亩；土地流转成本在600～1000元/亩，按均值测算约为800元/亩；水稻生产投入总计约为1467元/亩。

最后，从水稻生产收益来看。2017年合作社社员每亩水稻产量约为533公斤，销售价格约为3.16元/公斤，由此可知每亩水稻销售收入为1685元/亩；减去每亩水稻生产成本1467元/亩，可以看到社员每亩水稻种植收益为218元/亩。由于水稻种植过程中"三合一"补贴为每亩70元，据此可进一步得知每亩水稻种植的总收益为288元。根据社员家庭平均100亩水稻种植面积测算，合作社社员家庭在水稻种植上的年收益约为2.88万元。

二、合作社在水稻生产中的积极作用

通过对长丰水稻种植合作社理事长与社员的访谈，将合作社在水稻生产经营过程中的积极作用总结如下：

首先，降低了社员的生产资料支出成本。合作社在农资采购上采取了统一购买方式，进而获得了与农资供应商之间的议价权，使社员有效降低了生产资料支出成本。

其次，采取标准化生产，获得了统一的水稻品质。长丰合作社通过采取免费技术指导方式，统一了水稻生产模式，使生产出的水稻具备了统一的质量标准，从而也使合作社在水稻出售过程中能够通过统一的质量标准这一优势具备了较强的出售价格议价能力。

最后，统一销售，进一步强化销售价格话语权。目前，长丰水稻种植合作社水稻年产量约为267万公斤，较大的产量以及统一的水稻品种与质量标准，能够降低国有粮储收购主体在收购水稻后仓储过程中的加工处理成本，因此，粮储主体更愿意收储此类水稻，也就使合作社具备了更大的销售价格话语权。

三、长丰水稻种植合作社存在的问题及未来发展规划

1. 存在的问题

首先，水稻种植成本较高，制约亩均种植收益的获取。水稻种植过程中较高的生产资料成本与土地流转成本拉高了生产成本支出，同时随着人工成本的上涨生产总成本还有进一步上升的可能。较高的生产成本制约了农户水稻种植收益的获取。

其次，农户极度依赖于最低收购价，收储价格波动对于单纯水稻种植农户家庭收益影响巨大。根据调研数据测算，在当前3.16元/公斤销售价格的基础上，如果每斤水稻售价降低0.1元，则农民每亩水稻的种植收益将由288元/亩下降为181元/亩，每亩收益减少107元，这在很大程度上不利于水稻价格的下降。

最后，缺少农业生产发展资金。调研中发现，该合作社资金缺乏主要表现在农用机械购买资金缺口，以及购买水稻生产物资方面的不足。尽管该合作社已具有一定数量的水稻种植机械，但仍然无法满足自身全部生产需求，且由于部分机械购买年份太早已处于老化状态；因此，合作社对于农机具仍有较大的需求，但由于受制于资金限制无法及时购进。受访合作社理事长表示，水稻生产物资价格具有一定的波动性，在价格较低时由于没有充足的生产资金，只能先筹集资金，而这有时会导致错过低价阶段，只能以更高的价位购买生产资料，致使生产成本

上涨。

2. 未来发展规划

针对目前存在的困难以及自身现有条件,长丰水稻种植合作社对于未来发展进行了以下规划:

第一,积极发展特色水稻品种,提升产品附加值。该合作社计划未来进一步发展黑米水稻品种的种植,在现有种植条件基础上,提升农业生产附加值。

第二,发展经济作物,作为水稻种植的有效补充。该合作社计划利用现有温室大棚,在完成水稻育苗后发展蔬菜种植,以提高农业设施利用率、增加农业生产收益,2017年已开始试种香荽等品种。此外,该合作社还计划在水稻收割后种植其他作物,如高粱糜子等,提高土地产出经济效益。

附录5

湖南稻谷收储制度与补贴制度改革研究报告[①]

高 鸣 宋洪远 何在中

湖南是农业大省,也是稻谷(籼稻)的主产省。2003~2016年,湖南省粮食播面增加了541万亩,总产由488.6亿斤增加到590.6亿斤,增加了102亿斤。最低收购价政策是维护国家粮食安全、服务国家宏观调控、保护农民利益的重要手段。稻谷最低收购价政策在稳定湖南省稻谷市场、促进农民增收、提振农业发展信心、保护农民种粮积极性等方面起到了重要作用。湖南于2005年、2006年、2009年和2013~2016年共7年启动了稻谷最低收购价政策,从政策执行效果来看,基本达到了预期目标。但随着国际国内经济环境和粮食市场的变化,特别是2012年大幅度提高最低收购价后,粮食流通市场的一些问题凸显,因此,稻谷收储制度亟待改革和调整。

一、稻谷收购、储备和补贴情况

1. 最低价收购量呈逐年下降趋势

湖南2013年早稻最低价收购220万吨,中晚稻138.2万吨,共计358.2万吨;2014年早稻最低价收购194.2万吨,中晚稻126.32万吨,共计320.5万吨;2015年早稻最低价收购143万吨,中晚稻91万吨,共计234万吨;

[①] 本研究为清华大学中国农村研究院重点项目"稻谷最低收购价制度改革与补贴政策研究"(编号:CIRS2017-8)的阶段性成果。高鸣、宋洪远,农业部农村经济研究中心;何在中,中国储备粮管理总公司。

2016年早稻最低收购价收购119万吨；中晚稻87万吨，共计206万吨。收购价格情况为2005年、2006年为早籼稻70元/百斤、中晚籼稻72元/百斤，2009年早籼稻90元/百斤、中晚籼稻92元/百斤，2013年早籼稻132元/百斤、中晚籼稻135元/百斤，2014年、2015年早籼稻135元/百斤、中晚籼稻138元/百斤，2016年为早籼稻133元/百斤、中晚籼稻138元/百斤。早籼稻最低收购价格从2004年的每百斤70元上调到2016年的每百斤133元，增幅达90%；中晚籼稻最低收购价格从每百斤72元上调到每百斤138元，增幅达91.7%。

2. 顺价拍卖销售政策导致库存销售不畅

从近年拍卖成交情况看，湖南当年收购的最低收购价稻谷需经过至少3个年头才能消化完毕。2005年、2006年的最低收购价稻谷分别到2008年9月、2010年2月才消化完毕；2009年的最低收购价稻谷到2012年5月才消化完毕；2013年湖南省的最低收购价稻谷虽因重金属超标大部分进行了划转降价处置（处置基本完成），但未划转部分至今还有37万吨未销售；2014年的最低收购价稻谷合格部分拍卖成交了1万多吨，还剩102万吨库存，重金属超标部分处置了115万吨左右，还有100万吨待处置；2015年稻谷合格部分拍卖了2万吨，剩余232万吨（重金属超标部分国家还未下达划转文件）。国家目前的顺价拍卖销售政策导致库存销售不畅，2013年、2014年收购的粮食消化进程十分缓慢。

3. 处置超标粮食地方财政负担重

国务院国发〔2015〕56号文件虽暂缓执行，但财政部去年已明确重金属处置费用中央补贴实行"退坡政策"，即从2017年起收购的重金属超标粮食处置将由地方政府负责，中央不再给予补贴。对超标粮食，地方财政每年需承担收购费用、保管费用、后期处置费用、增加收购现场快检设备投入、仓容需求加大的投入等费用，地方财政负担加重。

二、稻谷收购、储备和补贴面临的问题

1. 连续政策性收购导致仓容库点紧张

当前湖南省收购面临的主要困难是仓容、库点有限，收储压力较大。据统计，全省共有仓容 2198 万吨，折合谷容 1611 万吨，剔除部分规模小、条件差的民营企业仓容并考虑粮仓装粮系数，有效仓容为 1450 万吨。目前，库存占用仓容 1400 万吨，条件较好的仓容几乎用尽。此外，收储库点大幅减少。据统计，2014 年早稻托市点 482 个，2015 年 368 个，2016 年 322 个；2014 年中晚稻托市点 411 个，2015 年 284 个，2016 年 291 个。

2. 市场饱和致使去库存压力大

由于整个粮食市场呈现出粮价持续下降、交易严重不活跃、库存高位运行的总态势，尽管多措并举，综合施策，但粮食去库存效果不佳。2016 年，湖南省按国家最低价收购稻谷竞价销售，早籼稻基本流拍，"顺价销售"几乎难以做到。湖南省 2015 年的最低收购价粮食目前全部压在仓库，随着时间的推移，品质变化，越往后消化难度越大。同时湖南省省级轮换不畅，对消化库存也有影响。省储备粮轮换采取的是由承储企业包干轮换的方式，每年 3 月下达储备粮轮换计划，7 月收新粮补库，完全避开了春节前后市场需求大、粮价涨的高峰期。

3. 储备费用补贴标准不合理使得存储损失较大

一是轮换费补贴不合理，储备原粮轮换费补贴标准 140 元/吨，不能保证承储企业应对储备粮的轮换费开支、轮换定额损耗损失和因轮换粮油补库执行国家粮油收购政策所导致的价差损失。二是保管费补贴标准太低，与当前的工资和物价等上涨因素不匹配，致使承储企业一方面因工资低出现技术人员青黄不接，另一方面因物价上涨出现必要项目费用开支不能得到保障。承储企业维修仓房和维护仓储设施的费用大，每年至少需要 10 万元资金维修仓房和更新设施，在储备费用补贴不足的情况下，迫切希望各级财政每年安排维修资金。

三、完善稻谷收购、储备和补贴制度的建议

1. 最低收购价政策逐步过渡至"价补分离，市场定价"，实现粮食价格回归市场

建议逐步年降低最低收购价（接近市场价格），实施"最低收购价＋补贴"模式，逐年根据全省种粮农民平均成本确保一定收益水平进行补贴，每年的标准按照市场价格的变化而变化，将调低的部分用于直补实际种粮的农民，理顺粮食流通市场。当市场价格低于国家制定的优质稻谷市场指导收购价 则国家启动补贴机制，对种植优质稻的农民实际销售价格低于指导价部分进行适当补贴。

2. 重点支持重金属超标综合治理工作，推广稻谷的绿色生产

一是国家及有关部门从政策、资金、技术方面对湖南的重金超标治理工作给予倾斜和支持。各级政府积极配合并加大对重金属超标综合治理的工作力度。二是对重金属超标问题实行综合治理。综合运用土壤改良、休耕、农业产业结构调整等措施，从根本上解决重金属超标问题。完善农业资源环境领域的法律法规体系建设，用制度保障生态友好型农业发展，加强农业绿色发展的规划引导和政策支持。构建绿色生态导向的农业补贴体系，新增补贴向生态友好型农业发展和农业生态环境保护倾斜。

3. 大力推进稻谷品种优质化，实现收购"优质优价"

推行"优质优价"，要以精细农业为引领，充分发挥流通传导作用，倒逼生产环节大力优化品种种植结构、提高产品质量。推进市场认可的优质品种种植，依靠农业部门的推广，可以通过制定差异指导价格、体现优质优价的方式进行引导，降低普通品种稻谷的最低收购价格水平的同时，制定优质稻谷的市场指导收购价。积极支持鼓励有条件的粮油企业介入生产前端，以建生产基地和发展订单农业等形式与农民建立利益联结，实现利益共享，增强优质粮油掌控话语权，不断优化原料品种和品质。还要向消费终端发轫，注重研究市场需求，创新营销模

式，拓展销售半径，培植忠诚客户，不断提升产品的影响力和盈利能力。

4. 完善粮食储备政策，充分发挥储备轮换吞吐调节功能

一是建立国家粮食储备管理新体系，进一步放开对粮食购销过程的控制。准确把握国家粮食储备粮的数量、吞吐和运作方式，公开国家粮食储备粮及其他粮食市场信息，有效地引导粮食的生产、储存与销售。二是优化地方储备粮品种结构和布局，适当增加成品粮油储备；推进地方储备轮换销售全部进场公开竞价交易；适时开展动态储备试点工作，鼓励符合条件的多元市场主体承储地方储备粮，盘活储备资源，激活发展潜力。三是提升仓储物流新层次，稳步构建粮食收储新机制。提升仓储设施管理信息化水平、科学储粮能力和储粮设备设施升级换代，打造流转顺畅、管理规范、储存安全的现代化粮食收储体系，由过去的"储得下"向"储得好"换代升级。四是激励多元主体参与粮食收储。在当前国家收储政策深度调整、去库存全面实施的大背景下，在继续发挥国家粮食收储企业主渠道作用的同时，也要充分调动和激励多元市场主体参与粮食收储的积极性，以减轻国家政策性收储的仓储、财政压力。

附录6

湖南稻谷收储制度与补贴制度改革调研报告：基于经营主体视角[①]

戴 鹏

稻谷最低收购价政策自2004年实施以来，对调动农民种粮积极性，促进粮食持续稳定增产、农民收入较快增长发挥了极为重要的作用。但是，近年来稻谷最低收购价政策内涵及其实施环境已发生重大变化，出现了产量、库存、进口"三量齐增"现象，稻谷加工等下游产业经营困难，财政负担加重，国际谈判压力加大等新问题和新挑战，亟待调整完善。

围绕稻谷最低收购价政策怎么改？步骤怎么走？课题组以我国水稻生产第一大省——湖南省为例，深入湖南省多个县市进行了实地调研，召开了有农业、粮食、中储粮部门负责人、米业加工企业负责人，农民合作经济组织负责人及种粮大户参与的座谈会，并对种粮大户和普通农户进行了问卷调查。调研发现，目前，最低收购价政策实施成效和存在的问题，已为各方所认识。在产量、库存、进口"三量齐增"的情况下，改革稻谷最低收购价政策，企业有诉求，农户有预期，市场有准备，政府有共识，正当其时。且就如何改革稻谷最低收购价政策，各利益相关主体基本达成共识，基本认同稻谷最低收购价政策应遵循"稳定政策框架、增强政策弹性、改革政策机制"的改革思路，回归最低收购价政策的设计初衷，但应综合配套施策，增强政策系统性。调研还发现，普通农户几乎不受最低收购价政策改革的影响，从2015年来稻谷收购价下调效果来看，风险尚在可控范围之内。

[①] 本研究为清华大学中国农村研究院重点项目"稻谷最低收购价制度改革与补贴政策研究"（编号：CIRS2017-8）的阶段性成果。戴鹏，湖南农业大学经济学院。

一、稻谷最低收购价政策实施成效

最低收购价政策是维护国家粮食安全、服务国家宏观调控、保护农民利益的重要手段。作为我国水稻生产第一大省,湖南省分别于 2005 年、2006 年、2009 年和 2013~2016 年共 7 年启动了稻谷最低收购价政策,对调动农民种粮积极性、促进粮食持续稳定增产、农民收入较快增长发挥了极为重要的作用。

1. 调动农民种粮积极性,促进稻谷产量稳步增加

在最低收购价政策等支持下,湖南省水稻生产稳定发展,产量稳步提高。播种面积由 2003 年的 5115 万亩增加至 2015 年的 6171 万亩,产量由 2070 万吨增加到 2645 万吨,分别累计增长 21%、28%,扩大面积约 1000 万亩,增产近 600 万吨,为维护国家粮食安全做出了重要贡献。尽管 2016 年,水稻产量有所下滑,但仍维持在 2600 万吨以上(见附表 1)。

附表 1 湖南省水稻生产情况   单位:万吨

年份 \ 品种	稻谷	早稻	中稻	晚稻
2000	2395	880	435	1080
2003	2070	620	640	810
2004	2285	715	720	850
2005	2295	735	725	840
2006	2415	750	780	885
2007	2425	740	830	855
2008	2530	765	885	880
2009	2580	810	850	920
2010	2505	765	850	890
2011	2575	805	865	905
2012	2630	820	860	955
2013	2560	860	770	930
2014	2635	855	815	965
2015	2645	860	815	960
2016	2605	835	835	935

资料来源:根据历年《中国统计年鉴》及《中国农业统计资料》整理。

2. 有效保护农民种粮收益，实现农民收入较快增长

由于最低收购价政策对稻谷市场价格的托市支撑，国内稻谷价格保持平稳上升的态势，农民水稻生产收益逐年增加，农民实实在在地得到了稻谷价格上升带来的实惠。

附表2 稻谷生产成本收益变化　　　　　　　　　　　　单位：元/亩

年份 项目	2003	2005	2007	2009	2011	2013	2015
稻谷							
产　值	514	686	784	934	1268	1306	1378
总成本	417	493	555	683	897	1151	1202
净利润	97	193	229	251	371	155	175
现金收益	291	412	469	546	781	735	784
早籼稻							
产　值	401	561	664	811	1035	1111	1147
总成本	377	463	522	642	823	1050	1097
净利润	24	98	141	169	212	60	50
现金收益	205	313	373	450	599	614	632
中籼稻							
产　值	494	702	809	953	1320	1319	1443
总成本	442	468	507	650	892	1143	1215
净利润	51	234	301	303	428	176	227
现金收益	283	474	546	619	908	827	927
晚籼稻							
产　值	502	599	749	845	1161	1171	1259
总成本	374	469	519	637	836	1083	1126
净利润	129	130	229	208	326	89	133
现金收益	299	343	455	483	702	638	713
粳稻							
产　值	659	881	916	1128	1557	1623	1661
总成本	479	573	672	803	1038	1329	1371
净利润	180	309	245	325	519	294	291
现金收益	377	518	501	629	913	860	865

资料来源：国家发改委价格司：《全国农产品成本收益资料汇编》。

根据全国农产品成本调查资料,水稻生产收益从2003年的不足300元/亩增加到2015年的784元/亩,累计增长约169%。分品种来看,2015年,早籼稻、中籼稻、晚籼稻、粳稻每亩现金收益分别为632元、927元、713元、865元,比2003年分别提高了约208%、228%、138%、129%(见附表2),有效提高了农民的水稻生产积极性。

3. 增强国家粮食宏观调控能力,稳定市场预期

按最低收购价收储的稻谷充实了粮食库存,为实施粮食宏观调控奠定了坚实的物质基础,增强了国家调控粮食市场的能力。2016年,全省各类企业库存稻谷约1137万吨,达到历史最高。充裕的粮食储备,使得国家粮食宏观调控能力大大增强,对稳定市场预期和减少粮食价格异常波动等发挥了重要作用。

二、稻谷最低收购价政策存在的问题

尽管稻谷最低收购价政策执行多年来,成效显著,在增加产量、提高收益、增强国家的粮食宏观调控能力等方面发挥了极为重要的作用。但也存在不少问题,尤其是在国内粮食价格高于国际粮食价格的新环境下,问题尤为突出。

1. 收购价逐年攀升,市场扭曲严重

2004年国家出台粮食最低收购价政策的初衷是,在粮食供求发生重大变化时,对短缺的重点粮食品种、在粮食主产区实施,以此促进粮食生产,保证市场有效供给(即"保供给"目标)。但自2008年以来,最低收购价政策被进一步赋予了保护农民种粮利益、促进农民增收的新任务(即"保增收"目标),即通过提高最低收购价同时发挥促进粮食增产、农民增收的作用,开始承载"保供给"和"保增收"的双重功能。2008~2014年,为保护农民的水稻生产积极性,国家连续大幅提高稻谷最低收购价,累计提高97%(其中早籼稻、中晚籼稻、粳稻分别提高93%、92%和107%),"保增收"成为最低收购价政策的优先目标。

水稻最低收购价逐年提高,向市场发出强烈的托底信号,形成粮价"只涨不

跌"的预期。而且，由于政策性临储粮将通过竞价方式顺价销售，形成托市价格上调、销售价格跟涨的局面。在此背景下，农户由过去集中售粮改为常年售粮，售粮节奏出现明显变化；粮食购销加工企业、个体粮商等囤积居奇、待价而沽的心理大大增强。农户惜售和企业抢购，造成粮食库存增多，流通粮源大幅减少，人为放大需求，导致市场反应更加敏感。另外，政府通过政策性收购掌握了大部分粮源，导致市场供应依赖于政府政策性粮源的投放，形成了政府调控政策主导市场粮价基本走向的格局。

2. 顺价销售受阻，粮食库存高企

顺价销售政策性临储粮有赖于国际粮食市场价格高于国内粮食市场价格。近年来，受国家连年提高最低收购价的影响，国内粮食价格不断上涨；另外，由于国际市场粮食供求关系发生重大变化，国际粮食价格不断下跌，国际、国内粮食市场价格差拉大，出现国内粮食价格高于国际粮食价格的新市场格局，原有的顺价销售条件遭到破坏，政策性临储粮顺价销售受阻，收储企业库存高企，出现存储难、销售难的"两难"局面，国家财政包袱沉重。

一是仓容、库点有限，收储压力大。目前，湖南省共有仓容2198万吨，折合谷容1611万吨，剔除部分规模小、条件差的民营企业仓容，并考虑粮仓装粮系数，有效仓容为1450万吨。目前，库存占用仓容1400万吨，好仓容几乎用尽，全省符合条件或基本符合条件的国有库点均已用上，收储库点大幅减少，收储库点合理布局难度剧增（见附表3）。

附表3 湖南省稻谷收储库点数 单位：个

年份 品种	2014	2015	2016
早稻	432	368	322
中晚稻	411	284	291

资料来源：根据调研资料整理。

二是市场疲软，去库存压力大。由于整个粮食市场呈现出粮价持续下降、交易严重不活跃、库存高位运行的总态势,尽管多措并举,综合施策,但粮食去库存效果不佳。2016年,全省国家最低收购稻谷竞价销售,早籼稻基本流拍,"顺价销售"几乎难以做到。目前,湖南省2015年收购的粮食全部压在仓库,随着时间推移,品质变化,越往后消化库存难度越大。同时,由于目前省级储备粮轮换亏损大,轮换受到影响。据中储粮湖南省分公司统计,湖南省自2005年首次启动最低收购价政策以来,截止到2016年底,累计收购稻谷1694.8万吨,全省尚库存稻谷1137万吨。

3. 原粮和产成品价格倒挂,企业生存困难

受政策托市的影响,稻谷收购价格持续走强,早籼稻最低收购价格从2004年的70元/50公斤上调到2016年的133元/公斤,增幅达90%。中晚籼稻最低收购价格从72元/50公斤上调到138元/50公斤,增幅达91.7%。导致原粮与产成品价格倒挂,稻强米弱,企业生产经营困难,开工率不足,效益持续下降,一大批粮食加工企业因此停产、倒闭。

以湖南省洞口县为例(见附表4)。目前该县有大型稻谷加工企业27家,小型企业64家,加工产能82.3万吨,其中大型企业68.74万吨。2016年实际加工31.6万吨,其中大型企业22.63万吨,开工率约为38%。加工企业的粮源构成为10%来自企业基地、20%来自企业订单基地、20%来自种植专业合作社大户、30%来自散户、20%来自储备粮。整个大米加工企业利润率不高,大部分企业利润率保持在5%~6%,个别企业甚至为1%~2%。

附表4 洞口县大米加工企业状况

企业名称	产能(万吨)	开工率(%)	效益(万元)	粮源	销售总额(亿元)	盈亏平衡点
洞口县雪峰贡米有限公司	10	50	1584	企业基地15% 万亩合作社、大户	1.82	销售7000万元
邵阳市粒粒爽米厂	4	75	600	企业基地订单40% 合作社、大户60%	1.1	销售5000万元

续表

企业名称	产能（万吨）	开工率（%）	效益（万元）	粮源	销售总额（亿元）	盈亏平衡点
洞口县稻香米业有限公司	0.06	50	72	合作社60% 周围农户40%	0.12	加工300吨
洞口县维石大米加工厂	1.8	20	80	散户90% 储备粮10%	0.2	加工1500吨
洞口县天天米业有限公司	10	40	700	合作社、散户50% 储备粮50%	0.7	加工1万吨
洞口县大水米业	1.2	30	100	合作社、大户	0.15	加工1000吨
洞口县城北米厂	2	60	450	合作社、大户50% 散户50%	0.9	加工2500吨
洞口县石江晶谷大米厂	1.5	40	180	合作社、大户55% 散户45%	0.25	加工3000吨

资料来源：根据调研资料整理。

调查发现，不考虑稻谷成本，按稻谷65%的出米率、加上副产物收益，扣除生产经营管理等费用，企业加工稻谷的纯收入约为125元/50公斤。2016年，国家早稻托市收购价是133元/50公斤，意味着即使原粮价格按早稻托市收购价计算，每加工100斤稻谷也将亏损7元，每加工1吨稻谷亏损140元（见附表5～附表7）。加上2012年以来，受镉大米风波和低价进口大米冲击的影响，湖南省大米销售受阻，企业库存年年增加，生存难度进一步加大。

附表5　企业50公斤早稻谷加工成大米成本核算

项目 企业名称	大米（斤）	价格（元/斤）	大米收入（元）	副产物收入（元）	总收入（元）	费用支出（元）	稻谷成本（元/100斤）
企业A	65	1.85	120.25	11.89	132.14	7.05	125.09
企业B	65	1.8	117	12.5	129.5	3.5	126

注：两家企业因地域、规模、设备型号不同，导致大米销售价格、副产物种类等存在差异。

资料来源：根据调研资料整理。

附表6　企业50公斤早稻谷加工成大米的副产物收入明细

企业名称	合计	节米		小碎		细糠		糠壳	
		数量（斤）	价格（元/斤）	数量（斤）	价格（元/斤）	数量（斤）	价格（元/斤）	数量（斤）	价格（元/斤）
企业A	11.89	1.4	1.4	0.5	1	8.5	0.85	22	0.1
企业B	12.5	0	0	1	1.2	11	0.8	22	0.11

资料来源：同附表5。

附表7　企业50公斤早稻谷加工成大米的费用支出明细

企业名称	合计（元）	电费（元）	工资（元）	包装（元）	材料消耗（元）	管理费（元）	财务费（元）	折旧（元）
企业A	7.05	1.15	0.5	1.5	0.05	0.1	3.5	0.25
企业B	3.5	1	1	0.7	0.8			

资料来源：同附表5。

在这样的背景下，下调稻谷最低收购价，不仅企业有诉求，政府也有共识。问题是，下调稻谷最低收购价"是否会影响我国粮食安全，是否会影响我国的稻谷生产能力，是否会阻碍当前农民收入的持续增长态势"，这是目前我国改革稻谷最低收购价政策最关心的问题。稻谷最低收购价政策改革不应以损害我国粮食安全、稻谷生产能力以及农民收入为代价。

三、2015年来稻谷收购价下调的影响

意识到稻谷最低收购价高位运行所带来的不利影响，政府开始审慎下调稻谷最低收购价。2015年，我国不再上调稻谷最低收购价，维持价格在2014年的水平不变。并于2016年，首次下调早籼稻最低收购价，每50公斤下调2元，但继续维持中晚籼稻以及粳稻的最低收购价不变。一是给市场释放出"稻谷最低收购价有可能下调"的信号，观察市场反应；二是给农户种植行为调整和市场反应预留了一定的准备时间。2017年，早籼稻、中晚籼稻、粳稻最低收购价开始全面下调，每50公斤分别下调了3元、2元、5元，给市场释放出一种强有力的市场

价格改革信号。

调研发现,通过 2016 年、2017 年对稻谷收购价的两次微调,对未来进一步下调稻谷最低收购价,农户已有心理预期,市场已有相应准备。在此基础上,2018 年,稻谷最低收购价下调力度有所增大,每 50 公斤早籼稻、中晚籼稻、粳稻分别下调了 10 元、10 元、20 元(见附表 8)。就当前下调效果来看,稻谷收购价下调对稻谷生产能力的影响有限,暂未威胁到国家的粮食安全,且未阻碍农民收入的持续增长,风险尚在可控范围之内。

附表 8　2012～2018 年我国稻谷最低收购价　　　单位:元/公斤

年份 品种	2012	2013	2014	2015	2016	2017	2018
早籼稻	2.40	2.64	2.70	2.70	2.66	2.60	2.40
中晚籼稻	2.50	2.70	2.76	2.76	2.76	2.72	2.52
粳稻	2.80	3.00	3.10	3.10	3.10	3.00	2.60

资料来源:根据国家发展改革委员会相关资料整理。

1. 对普通农户的影响

调研发现,对于湖南省大部分小规模农户而言,并不关心稻谷最低收购价的高低变化,他们目前仍然种植水稻,主要用来满足自己的生活需要。除在洞庭湖平原地区还有部分农户种植双季稻外,在其他丘陵地区的农户,早在几年前就已完成"双季稻改单季稻"这一转变。稻谷最低收购价政策是否保留,对这部分农户的影响不大。从湖南省 10 个县采集的 66 户经营规模小于 10 亩的样本数据来看,有 64 户农户(约 97%)选择种水稻的目的在于满足自己的生活需要,对"是否要保留稻谷最低收购价政策"持无所谓的态度。其中有 52 户(约 79%)目前已不再种植早稻。

2. 对种植大户的影响

稻谷收购价变化主要影响种粮大户的生产行为,但除了预期早籼稻播种面积会有所下降外,难以确定最终影响效果。

一方面,市场对早籼米存在刚性需求,早籼米销售行情较好,客观上会保持一定的早籼稻种植面积。第一,早籼米产业链条较长,是米粉加工和啤酒酿制的重要原料,且相对进口米,国内早籼米出粉率较高,替代品较少。第二,基于消费者的偏好,为增加口感,在优质大米中也需要搭配一定比例的早籼米。第三,相对中晚籼米而言,早籼米是重要的粮食储备品种,可储备期限较长。即使下调稻谷最低收购价,种粮大户为迎合市场需求,也会种植一定的早籼稻。反过来,如果进一步提高稻谷最低收购价,种粮大户是否会全部种植双季稻呢?事实上,即使进一步提高早籼稻收购价,出于用工紧张或收益等因素的考虑,部分种粮大户会选择一部分耕地种植双季稻、一部分耕地种植一季稻的生产模式(见附表9)。大户YZH承包耕地10亩,2016年,以400元/亩的价格流转土地310亩,种植双季稻120亩,一季稻200亩。大户HJM承包耕地8亩,2016年,以500元/亩的价格流转土地600亩,但仅种植双季稻300亩。

附表9 种粮大户种植结构情况

大户	早稻			一季稻			晚稻		
	品种	面积(亩)	模式	品种	面积(亩)	模式	品种	面积(亩)	模式
YZH	中早39	120	机插机收	C两优277	200	直播机收	H优518	120	机插机收
HJM	中早39	300	机插机收	黄花粘	300	直播机收	新优188	300	机插机收

注:大户HJM一季稻中含机插70亩。

资料来源:根据调查资料整理。

另一方面,水稻生产比较收益较低,部分种粮大户已选择种植市场价格较高的优质稻或选择"一季稻+经济作物""稻田套养"之类的生产模式。通过选择"单季稻+经济作物""稻田套养"等生产模式,种植大户的纯收益远高于种植双季稻的收益。典型的有益阳草尾镇模式,通过稻田养虾的套养模式,获得养虾的高收益。对这部分种粮大户而言,稻谷最低收购价下调的影响十分有限。

再者,当前种粮大户之所以选择种植"双季稻",主要源于早稻生产收益和两季水稻的生产成本基本相当,从而可从"双季稻"生产中净赚晚稻生产收益。从附表 10 可以看出,大户 YZH,早稻单产 720 公斤/亩,收购价为 2.66 公斤,合计收入 1915 元/亩。两季水稻生产总成本为 1700 元/亩(含土地流转费 400 元/亩、用工成本 240 元/亩),早稻生产收益完全可以满足两季水稻生产支出,净赚晚稻生产收益。大户 HJM,早稻单产 990 公斤/亩,收购价为 2.66 公斤,合计收入 2633 元/亩。两季水稻生产总成本为 2150 元/亩(含土地流转费 500 元/亩、用工成本 300 元/亩),早稻生产收益同样完全可以满足两季水稻生产支出,同样净赚晚稻生产收益。对这部分种植大户而言,稻谷收购价下调的影响,可能会促使他们选择种植市场价格较高的优质稻或选择"一季稻+经济作物""稻田套养"之类的生产模式,尽管双季稻播种面积有所下降,但保留了水稻的生产能力,与当前"藏粮于田"的粮食安全观相吻合。

附表 10　种粮大户生产成本结构

大户	品种	生产成本(元/亩)								产量(公斤/亩)	价格(元/公斤)	
		全程机械成本	肥料成本	病虫害防治费	除草抽水	运输烘干	用工成本	土地流转	合计		成本价格	收购价格
YZH	早稻	400	130	50	50	150	120	400	1700	720	2.36	2.66
	晚稻	400	130				120					
	中稻	450	130	50	40	77	150	400	1297	500	2.59	2.76
HJM	早稻	400	130	50	50	190	150	500	2150	990	2.17	2.66
	晚稻	400	130				150					
	中稻	450	130	50	40	77	200	500	1447	500	2.89	2.76

资料来源:根据调查资料整理。

从统计数据来看,当前下调稻谷最低收购价的举措,确实对湖南省水稻播种面积产生一定的影响,但影响不大。2016 年首次下调早籼稻收购价后,湖南省水稻种植面积较上年仅减少 43 万亩,其中 36 万亩来源于"双改单",水稻生产能力得以维持,从总体来看,全省水稻仍维持 6100 万亩以上的播种面积(见附表 11)。但从长期来看,下调稻谷最低收购价的影响尚不明确,当稻谷市场行情不好,种植大户又不能选择种植收益较高的生产模式时,种植大户可能会选择毁约。

附表11 湖南省水稻生产情况　　　　　　　　　单位：万亩

年份	稻谷	早稻	中稻	晚稻
2010	6046	2041	1843	2162
2011	6099	2093	1826	2181
2012	6143	2137	1775	2231
2013	6128	2170	1758	2200
2014	6181	2180	1760	2241
2015	6171	2167	1768	2236
2016	6128	2131	1809	2188

资料来源：根据历年《中国统计年鉴》及《中国农业统计资料》整理。

3. 对国家粮食安全的影响

短期内，适度下调稻谷最低收购价对我国粮食安全的影响有限。基于两方面的考虑：一方面，价格适度下降在短期内对我国稻谷产量的影响有限，减产部分可以通过进口来弥补。根据已有研究，我国稻谷生产缺乏价格弹性。2001年以来，我国稻谷种植面积的短期价格弹性介于0.069~0.088，长期价格弹性介于0.152~0.274（见附表12）。即使我国稻谷价格下降20%（2016年、2017年早籼稻收购价分别仅下降1.48%、2.26%），以2016年稻谷单产457.38公斤/亩为基准，我国稻谷产量将预计减产285万~364万吨，按65%的出米率计算，折合大米185万~237万吨，小于2016年大米进口量356万吨。

附表12 稻谷种植面积的价格弹性

资料来源	时期	短期	长期
陈飞等（2010）	1995~2001	0.015	0.033
	2001~2008	0.081	0.152
钱加荣、赵芝俊（2015）	1990~2013	0.069	0.274
彭婵娟等（2016）	2004~2014	0.088	0.165

另一方面，我国粮食库存充足，足够支撑一季稻谷生产。以湖南省为例，截至 2016 年 12 月末，各类粮食企业库存稻谷达 1137 万吨，约为 2016 年湖南省稻谷产量的 44%，比当年早稻、中稻、晚稻任何一个水稻品种的产量都高，超过湖南省至少半年的消费量。同时大多数稻谷品种生育期在 120 天左右，即使稻谷产量出现大幅度下降，企业粮食库存也足够支撑一季稻谷生产。

4. 对农民收入的影响

农村居民人均可支配收入由"工资性收入、经营净收入、财产净收入和转移净收入"四部分构成。由于稻谷价格下降将主要通过影响经营净收入来影响农民收入，可以预期稻谷价格下降对大部分农户（非稻谷种植大户）的收入影响十分有限，但会影响种植大户的收入。

一方面，总体而言，未来农村居民人均可支配收入增长源将来自经营净收入之外的其他部分。图 1 显示，在我国农村居民人均可支配收入持续增长过程中，经营净收入占比持续下降，由 1990 年的 75.56% 下降到 2015 年的 39.43%。与此同时，工资性收入以及转移净收入等收入占比持续增加。2015 年，我国农村居民人均可支配收入约为 11422 元，其中，工资性收入为 4600 元，已超过经营净收入，成为农村居民人均可支配收入的第一大来源。

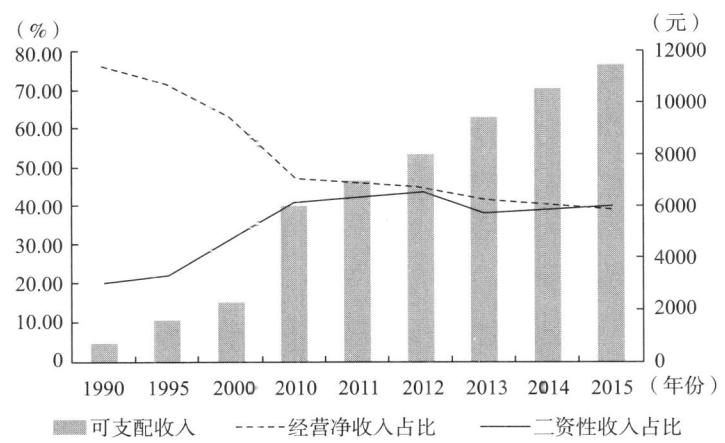

图 1　农村居民人均可支配收入

资料来源：《中国统计年鉴》（2014～2016 年）。

另一方面,对大部分农村居民来说,稻谷生产收益不可能是他们经营净收入的主要来源。2015年,我国农村居民经营净收入约为4504元,同期我国稻谷净利润为175.40元/亩,假设经营净收入全部来自稻谷生产收益,则需种植稻谷约25.68亩。2015年,我国耕地面积为13499.87万公顷(202498.1万亩),按农村人口计算,人均耕地面积仅约3.36亩,在一般年景下能够进行正常灌溉的人均耕地面积更少,仅约1.64亩,这表明,对大部分农村居民(非稻谷种粮大户)来说,在他们的经营净收入中,稻谷生产收益占比非常低,据此可以判断,稻谷价格下降对他们的经营净收入的影响非常有限。

四、政策建议

近年来,国家先后取消了油菜籽临时收储政策,对新疆棉花和东北大豆实行目标价格改革试点,对东北以及内蒙古玉米按照市场定价、价补分离的原则,开展收储制度改革试点,这些改革取得了积极成果。但相对大豆、玉米和棉花而言,稻谷有其特殊性:一是大米基本是口粮,对"口粮绝对安全"意义重大;二是生产稻谷的自然条件和设施条件要求更高;三是南方稻谷耕地细碎,不利于机械作业,人力成本高,规模经营受到限制。

因此,稻谷最低收购价政策改革不能简单照搬东北大豆、玉米及新疆棉花的改革模式,不能急于求成。建议按照市场定价、价补分离的原则,遵循"稳定政策框架、增强政策弹性、改革政策机制"的改革思路稳妥审慎推进。

1. 保留稻谷最低收购价政策,回归兜底初衷

最低收购价政策最大的成效不在于增加农民的粮食生产收益,这部分作用较小且边际递减,而在于确立了粮食收购的托底价,让农民吃下了种粮收益有保障的"定心丸",稳定了农民的生产收益预期。因此,不建议取消稻谷最低收购价政策,应保留稻谷最低收购价政策,稳定农民的生产收益预期,确保种粮面积。

同时,由于目前最低收购价政策具有多重目标,既要促进发展粮食生产、保障国内粮食供给和安全,也要保护种粮农民利益、提高农民种粮收入,同时还要稳定粮食市场价格,政策目标的多重性导致政府对市场的过度干预,是目前粮食陷入多种矛盾的根本成因。因此，建议调整最低收购价的政策目标，增强政策的针对性。从最低收购价政策中剔除"保增收"功能，保留"保供给"功能，可考虑取消早籼稻和中晚籼稻之间，甚至籼稻和粳稻之间的品种差异，优质优价也不宜在最低收购价中体现，回归市场兜底初衷。尽量不启动最低收购价，仅在市场价格大跌时才启动，用来止损，因此，建议可选择成本价或市场价的 85%～90% 作为最低收购价的制定标准。

2. 设置过渡期，逐步降低稻谷最低收购价

过渡期时间以三年为宜，过渡期内逐年降低保护价。总体降价幅度以三年期满后国储企业和加工企业实现顺价销售为基准。以湖南稻谷为例，加工企业实现盈亏平衡所能承受的原粮价是 125 元/50 公斤，收储企业可按 118 元/50 公斤作为托市价，加上 7 元/50 公斤的管理费用，销售价 125 元/50 公斤。由于托市价和市场价相当，可实现顺价或平价销售，压库问题可迎刃而解，加工企业至少不会做亏本生意。近三年，湖南早籼稻市场价一直稳定在 118 元/50 公斤左右，意味着按照这个价格作为托市价，大量粮食会不经收储环节而直接进入市场，有效减轻国家收储压力，甚至无需启动托市收购。

3. 开展"市场定价、价补分离"政策试点

在过渡期内可选择一个水稻主产省或若干个重点县，参照目前新疆棉花、东北大豆的目标价格和东北玉米"市场定价、价补分离"政策进行试点。待试点取得经验，形成成熟的模式和机制后，再在全国水稻主产区全面实施。

鉴于小规模农户种植粮食主要用于自己消费，很少用于销售，粮食生产收益仅占其家庭收入的极小部分，粮食价格变化对小规模农户的粮食生产影响非常有限；而种粮大户不同，生产粮食主要用于销售，粮食生产收益在其家庭收入中占有十分重要的地位，粮食价格的微小变化都将对其收入有很大影响。因此，在改革最低收购价政策时，应重点保护种粮大户的粮食生产积极性。

目标价格可以按照"水稻平均生产成本 + 水稻生产平均利润"的方法来确定，即目标价格（元/斤）=（水稻平均生产成本 + 水稻生产平均利润）/亩平均产量。当市场价格高于目标价格时，不进行补贴；当市场价格低于目标价格

时，按目标价格和市场价格之间的差额直接补贴给种粮大户。每亩补贴标准 =（目标价格 – 市场价格）×亩平均产量。

4. 允许适时、适当地降价销售政策性临储粮

由于国内粮食价格高位运行，当前收购的政策性临储粮尚难以顺价销售，前几年高价收购的粮食更不可能实现顺价销售。一方面考虑到国家每年需要支付巨额的管理费用；另一方面，为消化库存，可能会在积压几年后，大幅降价处理，财政损失会更为严重。因此，对于后续的粮食"去库存"工作，一是建议以市场价格为标准，制定临储和托市稻谷拍卖底价，对临储和托市稻谷实行市场化销售。二是鼓励加工企业采购临储和托市稻谷，给予加工企业采购临储和托市稻谷一定的加工补贴。三是参考国外做法，将保管年限长、品质低的稻谷转为饲料粮或工业用粮，避免稻谷使用价值的继续减损，减少粮食保管、贷款利息等费用支出。

5. 推迟中晚稻预案启动时间，解决"品价"矛盾

在未取消早籼稻和中晚籼稻之间品种价格差异的前提下，建议调整中晚稻最低收购价预案执行期。由于《早籼稻最低收购价执行预案》规定"早籼稻执行期为7月16日至9月30日"，而《中晚籼稻最低收购价执行预案》中规定"晚籼稻执行期为9月16日至次年1月31日"，早籼稻托市收购还未结束就进入了中晚稻预案执行期，两者收购工作重叠近15天，带来了诸多不便：一是早籼稻收购扫尾工作与中晚籼稻托市收购的准备工作相重叠，影响中晚籼稻托市收购准备工作；二是中晚籼稻最低收购价高于早籼稻，很多售粮农民认为9月16日以后早籼稻托市收购点就应该按照中晚籼稻最低收购价收购，大部分种粮大户、经纪人为增加销售收入，很有可能将早籼稻作为中晚籼稻销售。建议推迟中晚籼稻预案启动时间，防止和早籼稻预案执行期重叠。以湖南省为例，鉴于湖南省近几年中晚籼稻托市基本到10月底才启动（湖南地区晚籼稻上市在10月中下旬），可考虑调整中晚籼稻最低收购价预案执行期为10月16日至次年1月31日或者10月1日至次年1月31日。

6. 综合配套施策，增强政策系统性

由于调整粮食最低收购价政策，涉及的利益关系错综复杂，既关乎粮食安全等国家利益，也涉及地方政府、粮食产业和农业生产者等多方利益。如果调低粮食最低收购价，必然导致一系列利益关系的变化和冲突，引发对政策改革的疑虑，特别对如何保护农民种粮积极性、保障粮食有效供给和口粮绝对安全等担忧。因此，调整完善最低收购价政策，表面上是只针对粮食最低收购价政策，而实质上是全面综合配套的政策改革，注重改革的系统性、整体性和协同性。

附录 7

浙江稻谷收储制度与补贴制度改革研究报告[①]

高鸣 宋洪远

浙江省是稻谷的主销区。2016 年度全省粮食总产量 752.2 万吨，2016 年浙江省粮食总产量、粮食播种面积均位居全国第 23，但浙江省粮食产量只相当于全国总产量的 1.22%，粮食播种面积占全国的 1.11%。粮食消费总量 2081 万吨，比上年增长 15.7 万吨，增幅 0.76%。其中，早稻 109.3 万吨，占消费总量的 5.3%；晚稻 931.5 万吨，占消费总量的 44.8%；外购稻谷 528 万吨，占外购总量的 44.7%。其中，外购早稻谷 53 万吨，占外购总量的 4.5%，外购晚籼谷 98 万吨，占外购总量的 8.3%；外购晚粳谷 377 万吨，占外购总量的 31.9%。

一、稻谷产需缺口增大，严重依赖外购

1. 春粮大幅减产拖累全年粮食增产

从全年三季粮食生产看，春粮减产、早稻和秋粮增产。受厄尔尼诺现象影响，造成部分地域的"烂田"现象，直接影响冬播，春粮作物产量下降。春粮播种面积 267.3 万亩，比上年下降 9.0%；总产量 58.7 万吨，下降 18.8%。早稻播种面积 173.3 万亩，比上年略降 0.9%；单产 426 公斤/亩，增长 10.1%，创历史新高；总产量 73.8 万吨，增长 9.0%。秋粮生产稳中有升。秋粮播种面积 1442.6 万亩，比上年下降 0.4%；单产 430 公斤/亩，增长 1.7%；总产量 619.7

[①] 本研究为清华大学中国农村研究院重点项目"稻谷最低收购价制度改革与补贴政策研究"（编号：CIRS2017 - 8）的阶段性成果。高鸣、宋洪远，农业部农村经济研究中心。

万吨，增长 1.2%。其中，晚稻播种面积 1054.3 万亩，下降 0.4%；单产 493 公斤/亩，增长 2.3%；总产量 520 万吨，增长 1.9%。

2. 粮食消费量小幅增长

2016 年浙江省粮食消费总量 2081 万吨，比上年略增 15.7 万吨，增幅 0.8%。根据 2016 年浙江省人口变动抽样调查，年末全省常住人口为 5590 万人，与 2015 年末常住人口 5539 万人相比，增加了 51 万人，增长 0.92%。同时，省外短期流入人口 958 万人，比上年增加 149 万人。虽然人均口粮略有减少（2016 年为 158.2 公斤，比 2015 年的 162.0 公斤下降了 3.8 公斤），但按实际消费人口 6548 万人计算（5590 万 + 958 万），城乡居民口粮消费总量同比仍略增 7.2 万吨，增幅 0.7%。

3. 粮食产需缺口略有增大、自给率有所下降

由于 2016 年全省粮食消费量同比增加了 0.8%，粮食产量基本稳定，浙江省产需缺口比 2015 年的缺口数 1313.1 万吨增加了 15.7 万吨，增幅为 1.2%。2016 年全省粮食自给率为 36.2%，比上年下降 0.2 个百分点。2016 年稻谷的缺口率达到了 42.9%，其中早稻为 36.4%、晚稻为 43.7%。从绝对数来看，当年稻谷产需缺口 447 万吨，占到缺口总量的 33.6%，其中早稻缺口 39.8 万吨，占到缺口总量的 3.0%；晚稻缺口 407.2 万吨，占到缺口总量的 30.6%；

二、农业支持力度加大，财政负担加重

1. 订单农业

一是稻谷良种订单。为充分调动农民生产水稻良种的积极性，稳定水稻生产种源，扩大良种覆盖面，省财政继续对与持有效水稻种子生产许可证的种子企业签订订单合同，并按订单交售水稻良种的农户、家庭农场、合作社及合作社联合社社员等种子生产者，每交售 50 公斤常规水稻种子奖励 30 元，按实际种植面积奖励，每亩最高不超过 240 元；每交售 50 公斤杂交水稻种子奖励 100 元，按实

际种植面积奖励，每亩最高不超过 300 元。二是粮食订单奖励。浙江省为鼓励稻谷生产，出台了省级订单粮食奖励，并制定了订单粮食的标准：早籼谷为每百斤 30 元，晚粳谷为每百斤 20 元；各市、县（市、区）订单粮食根据当地财政状况进行奖励（补贴），大体为每百斤 15~30 元。

2. 多项农业补贴政策

一是耕地地力保护补贴。2015 年，浙江省按照中央农业"三项补贴"政策改革试点要求，实施耕地地力保护补贴，2017 年，中央财政安排浙江省耕地地力保护补贴资金 12.4 亿元。二是规模种粮补贴。2015 年，浙江省将原省级粮油种植大户直补、粮食生产机械化作业环节补贴、水稻集中育秧补贴统一归并为省级规模种粮补贴，主要用于全省粮食生产适度规模经营主体的直接补贴，以及为散户提供水稻机械化服务等，每亩补贴不低于 90 元，2017 年，省级财政安排规模种粮补贴 4.32 亿元。三是实施运费补贴，鼓励"北粮南运"。为鼓励省内企业到主产省采购调运粮食，浙江省在国家"北粮南运"费用补贴政策暂停后，分别出台了调运东北地区新产粳稻（米）费用补贴政策和东北粮食生产基地自产粳稻费用补贴政策，对省内粮食骨干企业调运东北粮食继续实施运费补贴，对调运基地自产粳稻省财政每年安排 600 万元补贴资金。

三、省收购价格上升，优质稻谷不能优价

1. 严格执行省稻谷最低收购价政策

对按订单向国有粮食收储企业交售省级储备稻谷的种粮农户、家庭农场、农民合作社及合作社联合社社员，省财政继续按上年标准给予奖励。各地应结合实际出台订单粮食奖励政策。每年浙江省农业、财政、粮食、农发行等部门，制定出台粮食产销政策，明确最低收购价和订单粮食奖励标准。2017 年，浙江省每百斤粮食收购价为早籼稻 133 元、晚籼稻 136 元和粳稻 150 元。此外，对信用好、具有还贷能力并按订单交售粮食的种粮大户等，发放粮食预购定金，所需资金由当地农发行提供贷款，财政按照"谁用粮，谁出钱"的原则给予贴息。切

实做好设区市辖区内粮食余缺调剂，鼓励省内跨市余缺调剂。对启动晚稻最低收购价预案且收购量较大的县（市、区）和用于省内地方储备补库余缺调剂的调入方，省财政将在分配省粮食安全专项资金时作为一项因素适当给予补助。

2. 开展粮食收购与储备工作

积极探索异地储备，落实新增规模。浙江省地方粮食储备规模从55.5亿斤增加至108亿斤，增加了52.5亿斤，增幅达95%，落实新增储备规模时间紧、任务重、压力大。为保证国家下达的新增规模及时落实到位，在加快省内储备粮库建设和危仓老库维修改造的同时，积极探索到主产区建立异地储备。目前，浙江省各级地方储备粮在黑龙江、吉林、江苏、安徽、江西、山东、河南等省委托代储63万吨。形成了"委托代储、费用包干，我方贷款、支付费用，对方贷款、支付利费"三种省外委托代储模式。同时，不断优化地方储备粮食结构，与2012年相比，全省地方储备粮中晚稻从25%提高到36%，早籼稻从53%下降到33%。

尽管农业支持政策的多元化、联动化对保障稻谷生产和收储有一定的积极作用，但是同样也带来了一定的负面影响。一是最低收购价确定不够合理。从近几年的情况看，最低收购价基本上高于市场价，最低收购价执行预案启动很少，最低收购价变成了最高收购价。二是收储无法做到优质优价。稻谷优质品种多、批量小，难以做到单收单储，优质优价没有得到充分的体现，不利于提高农民种植优质稻谷的积极性。

四、政策建议

1. 实施"市场定价、价补分离"政策

一是参照玉米价补政策，对稻谷实施"市场定价，价补分离"政策。综合考虑我国稻谷生产成本、种粮比较收益、收购主体承载能力、市场供求、国际市场粮价及不同作物之间效益比价等因素，按照"生产成本＋合理收益"的原则，科学合理设定目标价格，实施"市场定价，价补分离"模式。二是中央财政对稻谷主销区实行运费补贴。最低收购价预案且收购量较大的省份调入主销区储备补库余缺，中央财政分配专项资金对交通运输对调入方给予一定的专项补贴。

2. 开展产销合作，引进省外粮源

按照"政府推动、部门协调、市场调节、企业运作，优势互补、互利共赢"的原则，深入推进省际粮食产销合作。一是创新合作模式。积极打造区域合作布局，重点打造周边主产省早晚稻基地、东北地区优质稻谷基地；积极打造以种植基地、加工基地、中转基地和"互联网+粮食"为内容的"浙粮合作模式"，组织和引导省内粮食企业到主产区抓订单、建基地。二是构建合作平台。会同粮食主产省举办粮食交易洽谈会、展示展销会，为省内外粮食企业提供交流对接平台，促进产销合作关系的发展。三是强化对口合作。认真贯彻落实国务院推进东部地区与东北地区部分省市对口合作的要求，进一步落实浙江与吉林11个地区的对口合作，推进两省粮食产销深度合作，引进吉林优质粮源。四是充分利用国际市场粮源。重点进口浙江省紧缺的优质稻谷，弥补浙江省粮食产需缺口，满足浙江省内多元的消费需求。

3. 做好地方储备，发挥储备粮"第一道防线"作用

根据"确保数量真实、质量良好、储存安全、管理规范"的原则，积极做好粮食储备管理。一是打造品牌仓储。创新制定以粮仓现代化、储粮绿色化、信息智慧化、管理精细化为主要内容的"四化粮库"为引领，全面引导粮食仓储建设与管理转型发展。二是大力推广绿色储备。积极推进"智慧粮库"建设，在提升粮食仓储设施机械化、智能化、现代化的基础上，大力推广应用综合控温等绿色生态储量新技术，实现储量生态化，确保粮食储得好、调得动、用得上。三是切实做好轮换工作。按照储备粮轮换管理办法，指导各地认真做好地方储备粮轮换工作，要求各地注意把握轮换时机、节奏和力度，尽量做到均衡轮换，降低储备粮集中轮换销售对粮食市场的冲击和储备轮换成本。

参考文献

[1] Abbott P. C. , Hurt C. , Tyner W. E. What's driving food prices? Farm Foundation Issue Report [R]. 2008.

[2] Ashok K. Mishra, Charles B. Moss and Kenneth W. Erickson. The Role of Credit Constraints and Government Subsidies in Farmland Valuations in the US: An Options Pricing Model Approach [J]. Empirical Economics, 2007 (9): 1 – 13.

[3] Balcombe, Kelvin. The Nature and Determinants of Volatility in Agricultural Prices. MPRA Paper No. 24819, 2009.

[4] Brown, L. R. Who Will Feed China? [M]. Earthscan Publications, 1995.

[5] Buschena D, Smith V. Policy Reform and Farmers' Wheat Allocation in Rural China: A Case Study [J]. The Australian Journal of Agricultural and Resource Economics, 2005: 143 – 158.

[6] Carter, Colin A. and Zhong FunNing. Will Market Prices Enhance Chinese Agriculture? A Test of Regional Comparative Advantage [J]. Western Journal of Agricultural Economics, 1999 (2): 417 – 426.

[7] Carter, M. and Zimmerman, F. The dynamic cost and persistence of asset inequality in an agrarian economy [J]. Journal of Development Economics, 2000, 63 (2): 265 – 320.

[8] Deaton, A. and Laroque, G. Competitive storage and commodity price dynamics, Journal of Political Economy [J]. 1996, 104 (5): 896 – 923.

[9] FAO. Soaring food prices: facts, perspectives, impacts and actions required. In: Proceedings of the High – Level Conference on World Food Security, Rome, 2008.

[10] Hendrik JBruins, Fengxian Bu. Food Security in China and Contingency

Planning: the Significance of Grain Reserves [J]. Journalof Contingencies and Crisis Management, 2006 (14): 114-123.

[11] Huang, J. K.; Rozelle, S. and Rosegrant, M.: China and the Future Global Food Situation, IFPRI 2020 Brief, International Food Policy Research Institute, Washington D. C., 1996.

[12] Jin H J, Kim T. Structural Changes in Time Series of Food Prices and Volatility Measurement [J]. American Journal of Agricultural Economics, 2012, 94 (4): 929-944.

[13] Mitchell D. A note on rising food prices. World Bank Policy Research Working Paper Series no. 4682, 2008.

[14] Monika Tothova. Main Challenges of Price Volatility in Agricultural Commodity Markets. In Isabelle Piot Lepetit, Robert M'Barek, (Eds.). Methods to Analyse Agricultural Commodity Price Volatility. New York: Springer, 2011, 13-29.

[15] OECD. Rising food prices: causes, consequences and responses. OECD Policy Brief, 2008.

[16] Rosemary Fennell. The Common Agricultural Policy: Continuity and Change. Oxford University Inc. New York. 1997. P371

[17] Saban Nazlioglu. World oil and agricultural commodity prices: Evidence from nonlinear causality [J]. Energy Policy, 2011, 39: 2935-2943.

[18] Sophie Mitra, Jean Marc Boussard. A Simple Model of Endogenous Agricultural Commodity Price Fluctuations with Storage. Fordham University Department of Economics Discussion Paper Series: 2011-05.

[19] Xian Xin and XiuqingWang. Was China's Inflation in 2004 Led by and Agricultural Price Rise? Canadian Journal of Agricultural Economics, 2008, 56: 353-364.

[20] Zhang, Z., Lohr L., Escalante C., Wetzstein M. Food versus fuel: what do prices tell us? [J]. Energy Policy, 2010, 38: 445-451.

[21] 卜蓓, 龙方. 国家粮食安全与粮食生产者利益的相关性分析 [J]. 粮食科技与经济, 2014, 39 (5): 13-16+27.

［22］蔡贤恩．我国粮食收购价格政策评析及完善思路［J］．价格理论与实践，2008（8）：32－33．

［23］曹芳．农业国内支持政策对农民收入的影响研究［D］．南京农业大学，2005．

［24］曹慧，张玉梅，孙昊．粮食最低收购价政策改革思路与影响分析［J］．中国农村经济，2017（11）：33－46．

［25］曹慧．我国小麦市场价格形成研究［D］．中国农业大学，2007．

［26］陈锡文．制度创新与"三农"发展［J］．中国发展观察，2012（11）：49－50．

［27］程国强，胡冰川，徐雪高．新一轮农产品价格上涨的影响分析［J］．管理世界（月刊），2008（1）：57－62．

［28］程国强．我国粮价政策改革的逻辑与思路［J］．农业经济问题，2016，37（2）：4－9．

［29］程国强．价格支持是最差的粮食政策 不改根本玩不转［EB/OL］．http：//finance.sina.com.cn/china/hgjj/20131130/230517489584.shtml．

［30］程国强．中国稻谷调控：目标、机制与政策［M］．北京：中国发展出版社，2012．

［31］邓国臣．日本农业印象、反思及启示——抚顺市农业代表团赴日考察报告［J］．地方财政研究，2012（3）：76－80．

［32］杜彦坤．国家储备粮管理的国际比较与政策选择［J］．经济研究参考，2004（88）：18－24．

［33］冯海发．对建立我国稻谷目标价格制度的思考［J］．农业经济问题（月刊），2014（8）：4－6．

［34］冯继康．美国农业补贴政策：历史演变与发展走势［J］．中国农村经济，2007（3）：73－78＋80．

［35］傅晓，牛宝俊．国际农产品价格波动的特点、规律与趋势［J］．中国农村经济，2009（5）：87－96．

［36］高帆，龚芳．国际稻谷价格的波动趋势及内在机理：1961－2010年［J］．经济科学，2011（5）5－17．

[37] 高鸣,宋洪远,Michael Carter. 粮食直接补贴对不同经营规模农户小麦生产率的影响——基于全国农村固定观察点农户数据[J]. 中国农村经济, 2016, (8): 56-69.

[38] 高鸣,宋洪远. 粮食生产技术效率的空间收敛及功能区差异——兼论技术扩散的空间涟漪效应[J]. 管理世界, 2014 (7): 83-92.

[39] 高鸣,宋洪远. 生产率视角下的中国粮食经济增长要素分析[J]. 中国人口科学, 2015 (1): 59-69+127.

[40] 高鸣. 脱钩收入补贴对小麦生产率有影响吗?——基于农户的微观证据[J]. 中国农村经济, 2017 (11): 47-61.

[41] 龚芳,高帆. 中国稻谷价格波动趋势及内在机理:基于双重价格的比较分析[J]. 经济学家, 2012 (02): 51-60.

[42] 顾国达,方晨靓. 农产品价格波动的国内传导路径及其非对称性研究[J]. 农业技术经济, 2011 (3): 12-20.

[43] 顾国达,方晨靓. 中国农产品价格波动特征分析——基于国际市场因素影响下的局面转移模型[J]. 中国农村经济, 2010 (6): 67-76.

[44] 顾蕊. 我国农产品价格波动及其影响研究[D]. 中国农业大学, 2013年6月.

[45] 韩国和德国保障粮食安全的经验值得借鉴——韩国、德国粮食安全考察报告[J]. 农业经济问题, 2008 (4): 2-7+108.

[46] 何蒲明,朱信凯. 我国稻谷价格波动与CPI关系的实证研究[J]. 农业技术经济, 2012 (2): 83-87

[47] 贺伟. 我国稻谷最低收购价政策的现状、问题及完善对策[J]. 宏观经济研究, 2010 (10): 32-43.

[48] 侯明利. 发达国家粮食补贴政策及对我国的启示[J]. 江苏商论, 2009 (1): 121-122.

[49] 侯明利. 日本粮食补贴政策经验及其启示[J]. 商业研究, 2013 (2): 196-199.

[50] 侯锐. 中国农业支持政策研究[D]. 华中农业大学, 2006.

[51] 华奕州,黄季焜. 粮食收购双轨制改革与粮食生产:以小麦为例

[J]. 农业经济问题, 2017, 38 (11): 59-66.

[52] 黄季焜, 刘宇等. 从农业政策干预程度看中国农产品市场与全球市场的整合 [J]. 世界经济, 2008 (4).

[53] 黄季焜, 杨军, 仇焕广, 徐志刚. 本轮稻谷价格的大起大落: 主要原因及未来走势 [J]. 管理世界, 2009 (1): 72-78.

[54] 孔维升. 我国农产品市场调控政策研究 [D]. 中国农业科学院, 2016.

[55] 李朝鲜. 中国未来价格波动趋势及动因研究 [M]. 北京: 经济科学出版社, 2010.

[56] 李光泗, 郑毓盛. 稻谷价格调控、制度成本与社会福利变化——基于两种价格政策的分析 [J]. 农业经济问题, 2014 (8): 6-15.

[57] 李国祥. 2003 年以来中国农产品价格上涨分析 [J]. 中国农村经济, 2011 (2): 11-21.

[58] 李会敏. 农产品价格波动与通货膨胀关系的实证研究 [D]. 东北财经大学, 2005.

[59] 李经谋, 杨光焰. 对市场放开后我国稻谷价格调控问题的反思 [J]. 稻谷问题研究, 2008 (2): 20-23.

[60] 李竣, 杨旭. 跨国粮商冲击下的粮食收储参与主体决策分析 [J]. 世界农业, 2015 (1): 24-27+47+203-204.

[61] 李林茂. 建立稻谷收购"三元一补"价格机制的思考 [J]. 价格月刊, 2009 (11): 19-24.

[62] 李林蓉. 发达国家粮食生产者价格政策的比较分析 [J]. 安徽农业科学, 2015, 43 (1): 372-375.

[63] 李修彪. 稻谷价格形成机制与粮价调控政策研究 [D]. 河南工业大学, 2012.

[64] 梁永强. 我国稻谷价格的影响因素分析 [J]. 中国物价, 2010 (2): 20-23.

[65] 林涛, 陈玉萍. 国外稻谷价格形成机制对我国的启示探析 [J]. 现代商贸工业, 2010 (24): 147-148.

[66] 刘家富. 中国大豆市场价格波动研究 [D]. 中国农业大学, 2010.

[67] 刘晓雪,李书友. 中国稻谷市场60年发展历程与变迁特点 [J]. 北京工商大学学报(社会科学版),2010(2):1-5.

[68] 刘阳. 农户粮食储备决策及引导机制研究 [D]. 浙江理工大学,2014.

[69] 刘杨. 粮价波动现象的"蛛网模型"与农民收入增长分析 [J]. 西安财经学院学报,2005(6):47-50.

[70] 刘艺卓. 汇率变动对中国农产品价格的传递效应 [J]. 中国农村经济,2010(1):19-27.

[71] 卢峰,等. 我国稻谷供求与价格走势(1980~2007)[J]. 管理世界,2008(3).

[72] 吕捷,林宇洁. 国际玉米价格波动特性及其对中国稻谷安全影响 [J]. 管理世界,2013(5):76-87.

[73] 罗锋,牛宝俊. 我国稻谷价格波动的主要影响因素与影响程度,2010年2月,第9卷,51-58.

[74] 罗锋,牛宝俊. 国际农产品价格波动对国内农产品价格的传递效应——基于VAR模型的实证研究 [J]. 国际贸易问题,2009(6):16-22.

[75] 罗永恒. 中国农产品价格波动对经济增长影响的研究 [D]. 湖南农业大学,2012.

[76] 罗远业. WTO框架下中国粮食国内支持及产量预测研究 [D]. 华中农业大学,2008.

[77] 农业部农村经济研究中心分析小组. 通货膨胀、农产品价格上涨与市场调控 [J]. 农业技术经济,2011(3):4-12.

[78] 农业部欧盟农业政策考察团,张红宇. 从英法农业现状看欧盟共同农业政策的变迁 [J]. 世界农业,2012(9):139+1-5.

[79] 彭超. 理顺稻谷价格形成机制问题研究 [R]. 清华大学中国农村研究院,2014.

[80] 秦富,王秀清,辛贤,等. 国外农业支持政策 [M]. 北京:中国农业出版社,2003.

[81] 秦中春. 科学理解农产品目标价格制度的内容,中国经济时报,2014年9月22日,第005版,1-4.

[82] 清华大学中国农村研究院 2015 年"三农论坛",杜鹰、黄季焜主题演讲,2014 年 12 月 28 日.

[83] 尚强民. 关于目标价格的讨论,中国稻谷经济网,www.zglsjj.com,2014,33-37.

[84] 宋洪远,张恒春,李婕,武志刚. 中国粮食产后损失问题研究——以河南省小麦为例 [J]. 华中农业大学学报(社会科学版),2015(4):1-6.

[85] 宋洪远. 关于农业供给侧结构性改革若干问题的思考和建议 [J]. 中国农村经济,2016(10):18-21.

[86] 宋洪远. 实现粮食供求平衡 保障国家粮食安全 [J]. 南京农业大学学报(社会科学版),2016,16(4):1-11+155.

[87] 孙国学. 稻谷价格机制及其实现形式 [J]. 农业经济,2010(11):76-77.

[88] 谭砚文,杨重玉,陈丁薇,张培君. 中国粮食市场调控政策的实施绩效与评价 [J]. 农业经济问题,2014(5):87-98.

[89] 陶昌盛. 中国稻谷定价机制研究 [D]. 复旦大学,2004.

[90] 王国华. 日本粮食直接补贴政策演进分析 [J]. 粮食科技与经济,2015,40(2):20-23+30.

[91] 王士海. 中国稻谷价格调控政策的经济效应 [D]. 中国农业科学院农业经济与发展研究所,2011.

[92] 王双进,李顺毅. 稻谷价格波动的成因及调控对策 [J]. 经济纵横,2013(2):60-64.

[93] 王薇薇,谢琼,王雅鹏,孙凤莲. 粮食收购市场各主体利益协调的经济学分析 [J]. 中国农村观察,2009(4):13-19+96.

[94] 王文斌,戴金平. 国际稻谷价格与其产量、消费和库存——基于时间序列的实证研究:1980-2007 年 [J]. 国际贸易问题,2009(5):35-40.

[95] 王彦方. 国家粮食储备体系优化的理论及政策研究 [D]. 西南财经大学,2012.

[96] 武舜臣,王金秋. 粮食收储体制改革与"去库存"影响波及 [J]. 改革,2017(06):86-94.

[97] 肖海峰,李鹏.美国、欧盟和日本粮食生产能力保护体系及其对我国的启示[J].调研世界,2004(11):18-20+41.

[98] 星焱,李雪.稻谷生产价格的决定因素:市场粮价还是种粮成本利润[J].当代经济科学,2013(4):112-123.

[99] 徐海亮,赵文武.1970年~2009年国际主要稻谷价格承受力分析[J].世界地理研究,2014(2):23-34.

[100] 徐元明.发达国家粮食补贴政策及其对我国的启示[J].世界经济与政治论坛,2008(6):112-116.

[101] 徐志刚,习银生,张世煌.2008/2009年度国家玉米临时收储政策实施状况分析[J].农业经济问题,2010(3):16-23.

[102] 阎豫桂.实施农产品目标价格政策的国际经验及对我国的启示[J].价格理论与实践,2014(9):54-55.

[103] 杨宝琴.关于完善我国稻谷价格形成机制的研究[D].武汉工业学院,2012.

[104] 杨东群.日本的直接补贴政策和农作物流通体制[J].世界农业,2005(11):42-45.

[105] 杨羽宇.我国粮食储备管理制度建设研究[D].西南财经大学,2014.

[106] 余瑞先.欧盟农业政策考察[J].中共中央党校学报,2001(1):107-111.

[107] 袁辉斌.稻谷最低收购价格政策及其效果研究——以湖南省为例[D].湖南农业大学,2012.

[108] 詹琳,蒋和平.稻谷目标价格制度改革的困局与突破[J].农业经济问题,2015(2):14-20.

[109] 张冬平,郭震,刘培培.2000~2011年国内外稻谷价格波动:影响因素与启示[J].经济问题探索,2012(3):163-169.

[110] 张莉,朱增勇,司智陟.发达国家农业补贴政策的演变及特点[J].江西农业大学学报,2011,23(7):174-177.

[111] 张朋,范丽萍.欧盟农业直补政策解析[J].世界农业,2016(5):

78-81+218.

[112] 张爽. 稻谷最低收购价政策的经济影响研究 [D]. 中国农业大学, 2012.

[113] 张晓山, 刘长全. 粮食收储制度改革与去库存 [J]. 农村经济, 2017 (7): 1-6.

[114] 张欣纯. 我国储备粮流通问题研究 [D]. 吉林大学, 2011.

[115] 张照新, 陈金强. 我国稻谷补贴政策的框架、问题及政策建议 [J]. 农业经济问题, 2007 (7): 11-16.

[116] 张宗良. 美国农业补贴政策的调整及对我国的启示研究 [D]. 山东农业大学, 2009.

[117] 赵予新. "二力耦合式"稻谷价格形成机制研究 [J]. 农业经济, 2012 (2): 115-117.

[118] 中国农业代表团. 越南农业改革的经验与启示 [J]. 农业发展与金融, 1998 (7): 46-48.

[119] 钟钰, 李先德, 马晓春. 美日韩稻谷补贴政策变化对我国的启示. 宏观经济管理, 2010 (12): 69-70.

[120] 朱满德, 刘超. 经济发展与农业补贴政策调整——日韩模式的经验 [J]. 价格理论与实践, 2011 (1): 46-47.

[121] 朱满德. 农产品价格支持和直接补贴政策功能与效果的比较——一个经验性的综述 [J]. 贵州大学学报（社会科学版）, 2014, 32 (2): 29-34+66.

[122] 朱明德. 世界粮食流通的新格局与中国的粮食安全问题 [J]. 南京财经大学学报, 2004 (3): 16-20.

[123] 朱信凯, 吕捷. 中国稻谷价格与CPI的关系 (1996-2008) ——基于非线性关联积分的因果检验 [J]. 经济理论与经济管理, 2011 (3): 16-24.